Roberto Rocha Wenceslau

EDITORA intersaberes

Rua Clara Vendramin, 58 . Mossunguê . Cep 81200-170 . Curitiba . PR . Brasil
Fone: (41) 2106-4170 . www.intersaberes.com.br . editora@editoraintersaberes.com.br

Conselho editorial Dr. Ivo José Both (presidente), Drª Elena Godoy, Dr. Neri dos Santos, Dr. Ulf Gregor Baranow ▪ **Editora-chefe** Lindsay Azambuja ▪ **Gerente editorial** Ariadne Nunes Wenger ▪ **Preparação de originais** Letra & Língua Ltda. - ME ▪ **Edição de texto** Monique Francis Fagundes Gonçalves ▪ **Capa** Luana Machado Amaro ▪ **Projeto gráfico** Mayra Yoshizawa ▪ **Diagramação** Luana Machado Amaro ▪ **Equipe de *design*** Luana Machado Amaro ▪ **Iconografia** Regina Claudia Cruz Prestes

Dados Internacionais de Catalogação na Publicação (CIP)
(Câmara Brasileira do Livro, SP, Brasil)

Wenceslau, Roberto Rocha
   Contratos empresariais/Roberto Rocha Wenceslau.
Curitiba: InterSaberes, 2020. (Série Estudos Jurídicos:
Direito Empresarial e Econômico)

   Bibliografia.
   ISBN 978-65-5517-775-6

1. Contratos – Brasil 2. Direito empresarial – Brasil I.
Título. II. Série.

20-42543   CDU-34:338.93

Índices para catálogo sistemático:
1. Contratos: Direito empresarial 34:338.93

Cibele Maria Dias – Bibliotecária – CRB-8/9427

1ª edição, 2020.

Foi feito o depósito legal.

Informamos que é de inteira responsabilidade do autor a emissão de conceitos.

Nenhuma parte desta publicação poderá ser reproduzida por qualquer meio ou forma sem a prévia autorização da Editora InterSaberes.

A violação dos direitos autorais é crime estabelecido na Lei n. 9.610/1998 e punido pelo art. 184 do Código Penal.

CONTRATOS EMPRESARIAIS

SÉRIE ESTUDOS JURÍDICOS: DIREITO EMPRESARIAL E ECONÔMICO

Sumário

9 ▪ Apresentação

Capítulo 1
13 ▪ **Conceito e delimitação do contrato empresarial**
15 | Contratos não empresariais
20 | Contrato empresarial

Capítulo 2
23 ▪ **Particularidades do contrato empresarial**
24 | Função econômica do contrato empresarial e busca pelo lucro
26 | Riscos assumidos
27 | Empresário e profissionalismo
29 | Usos e costumes
32 | Confiança dos agentes econômicos

Capítulo 3
35 ▪ **Interpretação do contrato empresarial**
36 | Função social do contrato
41 | Boa-fé
49 | Declaração
57 | Conservação do contrato

Capítulo 4
61 ▪ Requisitos, formação e extinção do contrato
62 | Requisitos de validade
64 | Fase pré-contratual
68 | Fase contratual
79 | Extinção do contrato empresarial

Capítulo 5
83 ▪ Contratos empresariais em espécie
84 | Compra e venda mercantil
106 | Locação não residencial
125 | Transferência de tecnologia
131 | Arrendamento e parceria rural
146 | Prestação de serviços e terceirização
156 | Transporte
168 | Representação comercial
181 | Distribuição
186 | Concessão mercantil
194 | Franquia
211 | *Joint venture*
219 | Seguro
238 | Contratos bancários
251 | Alienação fiduciária
261 | Arrendamento mercantil
271 | Faturização
279 | Trespasse

289 ▪ *Considerações finais*
291 ▪ *Referências*
307 ▪ *Sobre o autor*

"A finalidade da lei não é abolir ou restringir, mas preservar e ampliar a liberdade. Porque onde não há lei não há liberdade, como se vê nas sociedades em que existem seres humanos capazes de fazer leis. Pois liberdade significa estar livre de coerção e, da violência dos outros, o que não pode ocorrer onde não há lei; e não significa, como dizem alguns, liberdade de cada um fazer o que lhe apraz (pois quem poderia ser livre se estivesse sujeito aos humores de algum outro?), mas liberdade de dispor a seu bel-prazer de sua pessoa, suas ações, bens todas as suas propriedades com a limitação apenas das leis às quais está sujeito. Significa, portanto, não ser o escravo da vontade arbitrária de outro, mas seguir livremente sua própria."

(Hayek, 1983, p. 180)

Apresentação

Ao abordamos o tema contratos, deparamo-nos com os diversos sentidos a que a palavra *contrato* pode oferecer, tais como: "acordo", "pacto", "convenção", "negócio" etc.

Entretanto, construindo a sistemática dos contratos empresariais, constatamos que estes se revestem da característica de negócio jurídico, que tem como pressuposto ser bilateral ou plurilateral (Gomes, 2007), com a intenção de criar, modificar e extinguir regras negociadas em vínculo empresarial.

Essencialmente em texto escrito, as partes inserem suas vontades, para fins de registros, com o claro objetivo de manter a segurança jurídica do conteúdo e o alcance de suas manifestações de vontade e de formalização. O objetivo desses registros em documento escrito, ou atualmente em processo digital, reveste-se da necessidade da eventual prova posterior das manifestações de vontades particulares e da vontade contratual.

Essa forma instrumentalizada do contrato veio a favorecer a atividade empresarial, pois há maior proteção dos contratos e verdadeira segurança para a circulação de riquezas.

E, com o desenvolvimento dos contratos na sociedade moderna, principalmente os contratos empresariais, cuja atividade volta-se à produção e à circulação de riquezas, em diversos modos da atividade empresarial, inclusive caracterizando a própria manutenção da empresa, fora talhada a expressão *feixe de contratos* (Coase, 2017).

Desse modo, é possível constatar que o objeto do contrato empresarial é a circulação de riquezas, e esta se concretiza por meio de obrigações, que retratam os vínculos jurídicos que autorizam uma parte – sujeito de direitos e deveres – a exigir um comportamento ou objeto da outra parte. Esses vínculos tornam-se dinâmicos, pois têm a finalidade voltada à produção de bens ou à prestação serviços.

De forma peculiar, entendemos que, ao surgir a obrigação empresarial, esta atende à coerência mercadológica, que é o empreendimento lucrativo. Veja que esse empreendimento lucrativo não é isento de repercussões, as quais devem manter-se adstritas a minimizar a assimetria informacional e a ampliar a cooperação em contratos de longo prazo, em observância às responsabilidades fixadas para antes, durante e após o exercício do contrato e à amplamente conhecida cláusula geral de boa-fé, impositivo legal do art. 422 do Código Civil.

Além disso, com a atualidade legislativa do ano de 2019, não podemos deixar de abordar as vertentes dadas pela Declaração de Direitos da Liberdade Econômica (Lei n. 13.874/2019), importante instrumento de proteção à livre iniciativa e ao livre exercício de atividade econômica, presumindo-se a boa-fé e preservando-se a autonomia privada.

Diante da evidente importância para a circulação de riquezas, abordamos, no presente livro, os vetores aplicados aos contratos, como princípios, classificações e interpretação, em suma, a chamada *teoria geral dos contratos empresariais*, bem como alguns dos contratos empresariais em espécie que reputamos mais importantes.

Vamos iniciar o estudo!

Capítulo 1

*Conceito e delimitação
do contrato empresarial*

É comum que, diante de um contrato, já seja identificada, de pronto, a relação em que ele se insere, pois, logo no início, é possível verificar o tipo de contrato, bem como as partes que nele figuram.

Partindo dessa premissa, é necessário trazer ao estudo a figura do *empresário*, uma vez que, se o tema é contrato empresarial, o **empresário** necessariamente está envolvido. Assim define o Código Civil – Lei n. 10.406, de 10 de janeiro de 2002 – em seu art. 966: "Considera-se empresário quem exerce profissionalmente atividade econômica organizada para a produção ou a circulação de bens ou de serviços" (Brasil, 2002).

Para a caracterização do empresário, independentemente do tipo, da forma ou do porte da empresa, devemos observar a presença de alguns elementos comuns. Requião (2012) considera que o empresário é a pessoa que tem iniciativa e "abre" sua empresa nas formas da lei, assumindo o risco da exploração comercial. Nesse contexto, a iniciativa e o risco formam o núcleo comum que configura a pessoa do empresário.

Agora já sabemos que uma das partes necessárias para figurar no contrato empresarial é o empresário.

Em exercício da autonomia privada, a pessoa física decide assumir riscos, de forma habitual, profissional, organizada e com a precípua finalidade de lucro.

Cumprida a condição de empresário, ou seja, formalizada a personalidade jurídica empresarial, é preciso ressaltar que esta se distingue, em princípio, da pessoa individualizada do sócio, nos termos do art. 49-A do Código Civil, tornando-se o representante legal da pessoa jurídica (sociedade empresária).

Devidamente representada, a empresa precisa cumprir sua **finalidade**, qual seja, gerar riqueza e, dessa forma, fazer circular a riqueza gerada. Assim, o contrato é instrumento indispensável para a organização da atividade econômica empresarial.

Entendemos por *atividade econômica organizada* aquela em que, além do intuito de lucro, há disposição dos diversos fatores que envolvem a produção, como capital, mão de obra, insumos e tecnologia. Assim, é óbvio que, no exercício de sua atividade econômica, o empresário, que pode ser empresário individual ou sociedade empresária, celebra diversos contratos em seu cotidiano.

— 1.1 —
Contratos não empresariais

Em face do exposto, você pode questionar: Então, todo contrato efetivado por uma empresa é um contrato empresarial?

Não, pois há alguns contratos em que uma empresa figura e que **não** podem ser considerados contratos empresariais. Vejamos quais são esses contratos a seguir, mas, lembre-se: **não são contratos empresariais**.

a. **Contrato administrativo**

Havendo interesse, uma empresa pode celebrar negócios com o Poder Público, podendo fornecer bens ou serviços, que ocorre por meio de contratos administrativos. Esses contratos, que a sociedade empresária firma com o Estado, são regidos pelo regime jurídico administrativo, ainda que com o mesmo conteúdo de outros contratos entre empresas. Nesse contexto, os contratos administrativos seguem as regras previstas por diversas leis, que são as regras que orientam a atuação da Administração Pública, mesmo que com a utilização da atividade empresarial organizada. Aplica-se a legislação administrava, em especial a Lei n. 8.666, de 21 de junho de 1993, que institui normas para licitações e contratos da Administração Pública, como se vê em seu art. 2º:

> Art. 2º As obras, serviços, inclusive de publicidade, compras, alienações, concessões, permissões e locações da Administração Pública, quando contratadas com terceiros, serão necessariamente precedidas de licitação, ressalvadas as hipóteses previstas nesta Lei.
>
> Parágrafo único. Para os fins desta Lei, considera-se contrato todo e qualquer ajuste entre órgãos ou entidades da Administração Pública e particulares, em que haja um acordo de vontades para a formação de vínculo e a estipulação de obrigações recíprocas, seja qual for a denominação utilizada. (Brasil, 1993)

O contrato administrativo tem como característica principal a incidência do princípio da supremacia do interesse público sobre o interesse privado e do princípio da indisponibilidade do interesse público.

b. **Contrato de trabalho**

No exercício das atividades necessárias da empresa, o contrato de trabalho é a principal forma de contratação de pessoal e mão de obra. Embora não seja a única forma, é a mais amplamente adotada.

Pela peculiaridade da relação existente, o contrato de trabalho é regido pela legislação trabalhista e, em razão de suas especificidades, diferencia-se de outras formas de contratação de mão de obra. A relação contratual concretiza-se com pessoa física, ou seja, o trabalhador, que presta serviços de natureza não eventual ao empregador e sob a dependência econômica (salário), nos termos do art. 3º da Consolidação das Leis do Trabalho – Decreto-Lei n. 5.452, de 1º de maio de 1943 (Brasil, 1943).

O contrato de trabalho tem como características: a hipossuficiência do trabalhador; a intenção de lucro apenas do empregador (empresário); e a sujeição à Consolidação das Leis do Trabalho e às demais legislações correlatas e protetivas.

c. **Contrato de consumo**

Na atividade empresarial, a circulação de riqueza e a organização da atividade empresarial oportuniza a alocação de recursos e bens a outros, sejam consumidores, sejam outras empresas.

Ao fornecer produtos e serviços, pode a empresa estar em posição vantajosa em relação ao consumidor. De outra forma, ao adquirir produtos e serviços, pode a empresa estar em posição desvantajosa em relação ao fornecedor.

Assim, o que caracteriza o contrato de consumo é: a hipossuficiência econômica e a técnica do consumidor, quando destinatário final do produto ou do serviço; a intenção de lucro apenas do fornecedor do produto ou do serviço (empresário); e a sujeição ao Código de Defesa do Consumidor – Lei n. 8.078, de 11 de setembro de 1990 (Brasil, 1990).

No entanto, como fazemos para distinguir, em um contrato em que uma empresa está em condição desvantajosa, se se trata ou não de contrato de consumo?

Você precisará fazer uma breve investigação de quem utiliza economicamente o bem ou o serviço adquirido como destinatário final.

Ocorre que essa situação enfrenta os entendimentos da interpretação legislativa do Superior Tribunal de Justiça (STJ), que, no Agravo Interno no Agravo em Recurso Especial n. 1.545508/RJ, assim decidiu:

> APLICAÇÃO DO CDC. TEORIA FINALISTA MITIGADA. VULNERABILIDADE. [...]
>
> 1. Nos termos da jurisprudência do Superior Tribunal de Justiça, o Código de Defesa do Consumidor não se aplica no caso em que o produto ou serviço é contratado para implementação de atividade econômica, já que não estaria configurado o

destinatário final da relação de consumo (teoria finalista ou subjetiva). Contudo, tem admitido o abrandamento da regra quando ficar demonstrada a condição de hipossuficiência técnica, jurídica ou econômica da pessoa jurídica, autorizando, excepcionalmente, a aplicação das normas do CDC (teoria finalista mitigada).

2. No caso, o Tribunal de origem, com base no acervo fático-probatório dos autos, concluiu que a agravada se apresentava na relação contratual na condição de vulnerável. [...]. (Brasil, 2020a)

Agora, sabemos que, diferentemente dos primeiros contratos citados, cujas características eram objetivas, no contrato de consumo a aplicação ocorre de forma subjetiva, analisando a situação concreta.

Logo, podemos concluir que, para as relações entre empresários, em regra, não se aplica o Código de Defesa do Consumidor, porque nenhuma das partes contratantes assume a condição de destinatário final, tendo em vista que o uso, direto ou indireto, dos produtos ou dos serviços concretiza-se na própria atividade econômica desempenhada pela empresa.

Entretanto poderá ser aplicada a legislação consumerista quando a parte empresária assuma a condição de destinatário final econômico do produto ou serviço e, ainda, de forma excepcional, quando a sociedade empresária ostente vulnerabilidade técnica, econômica ou jurídica em relação à outra parte.

— 1.2 —
Contrato empresarial

Voltando ao contrato empresarial propriamente dito, salientamos que o mercado funciona mediante as relações entre seus agentes econômicos, as quais se realizam por meio da celebração de contratos. Nesse sentido, o mercado é constituído por inúmeras relações contratuais intricadas e seus agentes econômicos (Forgioni, 2016).

Diante desse cenário, podemos entender o contrato empresarial como aquele celebrado entre empresários ou sociedades empresárias na competência de suas atividades econômicas, bem como aquele firmado por empresários ou não empresários com propósito essencialmente comercial, ou seja, com intuito de lucro, em que as partes assumem, contratualmente, os riscos advindos dessa relação.

Percebemos que os contratos empresariais são uma categoria contratual autônoma. Muito embora sujeitos a uma teoria geral comum, contratos civis e empresariais não são iguais. Particularmente, a maior diferença entre eles se verifica no campo da interpretação, pois os contratos empresariais terão um regramento mais apropriado para a relação havida entre as partes contratantes, e os objetivos que fazem parte do negócio jurídico firmado.

O conceito de contrato empresarial não pode estar limitado à qualificação subjetiva das partes. Existem contratos entre empresários que não são empresariais, assim como existem contratos entre não empresários que podem ter características empresariais ou mercantis.

Ponto também importante como característica do contrato empresarial já foi apontado por Forgioni (2016, p. 29), qual seja, a intenção do lucro: "Identificamos os contratos empresariais com aqueles em que ambos (ou todos) os polos da relação têm sua atividade movida pela busca do lucro. É preciso reconhecer: esse fato imprime viés totalmente peculiar aos negócios jurídicos entre empresários".

Ainda, os negócios empresariais ficam sujeitos às regras gerais do negócio jurídico aplicável pelo Código Civil, das obrigações e dos contratos (arts. 104 a 480) e das leis especiais de âmbito empresarial, como veremos em alguns contratos em espécie. Com esse regramento, embora bastante útil e aplicável aos contratos empresariais, deve o operador do direito buscar as especificidades do mundo empresarial para que não se distancie da lógica aplicável ao mercado e à economia.

Enfim, estamos na presença de um contrato empresarial quando verificamos que um empresário, ou uma sociedade empresária, em observância de seu objeto social, busca a circulação de riqueza, que se traduz no lucro, com disciplina própria, que se desenvolve pela especificidade eminentemente mercantil ou econômica (Verçosa, 2010).

Capítulo 2

Particularidades do contrato empresarial

Como verificamos no Capítulo 1, o direito empresarial socorre-se da teoria geral dos contratos, mas há algumas características que lhe são próprias e fazem parte do delineamento dos contratos empresariais.

— 2.1 —
Função econômica do contrato empresarial e busca pelo lucro

Já vimos que o escopo do lucro é um traço fundamental na atividade empresarial, pois sem ela não há razão do ato de comércio. Mas em que se fundamenta essa conclusão? Encontramos na definição legal, inscrita no art. 966 do Código Civil Código Civil – Lei n. 10.406, de 10 de janeiro de 2002, a qualidade de empresário como aquele que "exerce profissionalmente atividade econômica organizada para a produção ou a circulação de bens ou de serviços" (Brasil, 2002).

Ao utilizar, como qualidade de empresário, a palavra *econômica*, quis o legislador imprimir que o "empresário opera necessariamente no âmbito das atividades que proporcionam vantagem material ou econômica; melhor dizendo, que a atividade empresarial admite, tão somente, finalidade lucrativa" (Cristiano, 2007, p. 125).

Então, o que se exige para que se caracterize a atividade empresarial é que esta tenha aptidão para gerar lucros.

Não podemos confundir, no estudo dos contratos empresariais, que esse lucro decorre da atividade, pois, sendo uma sociedade empresária, consequentemente, busca o lucro. Mas, se essa empresa pretende fazer uma doação, que é ato unilateral e não benéfico ao instituidor, não se está diante de um contrato empresarial, mas de um contrato civil efetivado por um empresário.

Cabe aqui lembrar que os princípios do direito empresarial têm aplicação quando a parte figura como o empresário e em sua função econômica. Isso se verifica em alguns contratos que, mesmo que possam estar disciplinados em temas não tão afetos ao comércio, fazem parte da relação empresarial, como o contrato de locação não residencial.

Também não podemos confundir a busca por lucro com o lucro imediato, pois o fim lucrativo é o que se pretende, mas este não necessariamente é obtido de forma instantânea e, às vezes, nem é alcançado, pois há outros fatores que influenciam essa relação e que são inerentes à atividade econômica.

"Nenhum empresário contrata sem escopo, mas apenas porque pretende obter determinado resultado que acredita ser-lhe benéfico" (Forgioni, 2016, p. 59).

Para melhor configurar o fim lucrativo, salientamos que o fim buscado pelo empresário é o benefício advindo do negócio, por isso há benefício para ambas as partes e efetivo conteúdo econômico, que objetiva a circulação de bens e serviços.

— 2.2 —
Riscos assumidos

A atividade empresarial desenvolve-se com o interesse do empresário em empreender o negócio que lhe possa trazer resultados econômicos. E, em razão da própria atividade econômica, constatamos que a atividade empresarial se mostra distante de fatos exatos ou completos. Assim posiciona-se Cristiano (2007, p. 94): "onde há empresa há risco; ou, caso se prefira: havendo empresa, ela só é tal porque nela há risco; risco de dano notável ou de perda de algo importante".

Para fomentar a atividade empresarial, a sociedade empresária necessita de recursos diversos (dinheiro, coisas, móveis, imóveis, direitos etc.), a qual não os possui imediatamente, pois não há, em uma empresa, recursos naturais aplicados, ou seja, todos devem ser dispostos pelo empresário, que os aporta de forma intencional, em autonomia privada e em pleno exercício da livre iniciativa.

Esse risco é eventual, pois, mesmo buscando seu benefício, o lucro, pode haver o fracasso da empresa, o qual pode afetar o patrimônio deslocado do empresário para o empreendimento. Veja que esse patrimônio tornou-se diverso do patrimônio pessoal do empresário, já que, para fomentar o negócio, são alocados recursos na empresa, não podendo, ou melhor, não devendo confundi-los com seus bens pessoais.

Afirmam Ribeiro e Galeski Junior (2015, p. 164):

> é da essência da atividade desenvolvida pelo empresário o fator risco. O risco econômico nasce da obrigação do empresário em relação aos investidores e aos trabalhadores, de remunerá-los de forma a retribuir pela atividade prestada quanto aos últimos, e a garantir novos investimentos, quanto aos primeiros. Há sempre o risco dos lucros obtidos não cobrirem as despesas. É este risco que é remunerado pelo lucro e que justifica o poder de direção do empresário como chefe de empresa que define a sua política econômica. O empresário é o detentor do poder econômico, o poder de dizer como e o que será produzido, e lhe atribui o controle da empresa. Como parte do exercício do poder de condução da empresa, o empresário lança mão de contratos, e estes poderão conduzir aos melhores resultados ou frustrá-los.

Verificada essa condição de empresário e o risco assumido nos contratos empresariais, o grau jurisdicional torna-se menos intervencionista. A liberdade de livre iniciativa é mais ampla e pauta-se na igualdade entre as partes contratantes, distanciando-se dos contratos civis puros e os consumeristas.

— 2.3 —
Empresário e profissionalismo

O empresário exerce sua atividade de forma profissional, até mesmo por disposição legal do art. 966 do Código Civil:

"Considera-se empresário quem exerce profissionalmente atividade econômica organizada para a produção ou a circulação de bens ou de serviços" (Brasil, 2002).

Nesse sentido, sua atividade tem função econômica, e o agente é profissional como empresário. O profissionalismo traduz-se na habitualidade do empresário e em sua experiência no comércio daquele bem ou na prestação daquele serviço, até mesmo por aportar recursos e assumir riscos (Cristiano, 2007).

Esse é o motivo pelo qual podemos entender que, como conhecedor dos riscos do negócio, o empresário age de forma perspicaz, distanciando-se da vulnerabilidade existente na proteção do consumidor. Deve agir para com as demais partes contratantes em conformidade com o "padrão de um agente econômico ativo e probo" (Forgioni, 2016, p. 119), tendo em vista que conhece as nuances do mercado em que está inserido, não podendo alegar ser vítima de dúvida ou engano.

As diligências necessárias fazem parte do profissionalismo inerente ao empresário, pois, alocando recursos e os colocando em risco, deve buscar toda a informação suficiente à sua proteção e ao negócio que se opera. No mesmo senso, Ribeiro e Galeski Junior (2015, p. 213) afirmam: "considerando a profissionalidade dos agentes, não seria demais posicionar-se no sentido do que é inerente ao contrato a obrigação de que cada empresário diligencie no sentido de obter toda a informação possível. Se assim não agiu, deverá arcar com o prejuízo daí decorrente, pois faz parte do próprio risco do negócio".

O Conselho da Justiça Federal reúne alguns enunciados elucidativos quanto à condição de empresário.

O Enunciado n. 21 assim dispõe: "Nos contratos empresariais, o dirigismo contratual deve ser mitigado, tendo em vista a simetria natural das relações interempresariais" (CFJ, 2020). Presumiu a doutrina que contratos empresariais estão sendo regidos entre partes iguais, ou seja, não há uma parte considerada mais fraca a merecer uma tutela especial.

Por sua vez, o Enunciado n. 28 afirma: "Em razão do profissionalismo com que os empresários devem exercer sua atividade, os contratos empresariais não podem ser anulados pelo vício da lesão fundada na inexperiência" (CJF, 2020). Pautou-se, aqui, pelo não reconhecimento de inexperiência de quem age como profissional, pois é do próprio exercício da atividade empresarial.

Dessa forma, a característica do profissionalismo destoa da alegada proteção informacional, pois o dever é conhecer a realidade em que se insere o contrato empresarial em que se assumem as obrigações.

— 2.4 —
Usos e costumes

Conforme o art. 4º da Lei de Introdução às Normas do Direito Brasileiro – Lei n. 4.657, de 4 de setembro de 1942 –, os usos e os costumes são fonte do direito e, para o direito empresarial, têm especial aplicação (Brasil, 1942). Diversos institutos do direito empresarial surgiram da prática mercantil para que, posteriormente, fossem regulados pelo direito positivo. Citamos como exemplo os títulos de crédito.

A dinamicidade aplicada ao direito empresarial trouxe maior relevo aos usos e aos costumes pela prática mercantil reiterada, que espontaneamente passaram a se difundir, adaptando-se ao funcionamento dos mercados, como afirma Forgioni (2016, p. 146):

> Os usos e costumes são a prática dos comerciantes que, na busca de soluções para os problemas quotidianos, encontram e consolidam determinada forma de resolvê-los. Esses esquemas – que normalmente atuam em prol do tráfico–espraiam-se ao serem imitados por outros agentes. Daí a força uniformizadora dos usos e costumes, que tendem a planificar o comportamento das empresas. Por brotarem espontaneamente da praxe mercantil, os usos e costumes sofrem certos "seleção natural": as práticas mais adequadas ao tráfico impõem-se sobre aquelas menos aptas à resolução de problemas; ao longo do processo de evolução, prevalecem os padrões de conduta mais bem adaptados ao funcionamento do mercado. Forma-se, assim, um repertório de experiências bem-sucedidas que, ao permitir maior grau de previsibilidade do comportamento, transforma o mercado em repositório de memórias de jogadas.

A prática reiterada, por vezes, acaba por ser útil para a formação do entendimento jurisprudencial e, posteriormente, formaliza-se em legislação, o que eleva o grau de previsibilidade na atividade empresária, acarretando a redução de custos, pois a regularidade das condutas faz com que estas se amoldem aos usos e aos costumes.

Para o direito empresarial, é fundamental que estejam presentes a ordem de regularidade e de previsibilidade de agir no que se refere aos comportamentos entre empresários, tão necessários para o negócio jurídico e para sua concretização comercial. Ficam, então, conhecidos os usos e os costumes, que se traduzem para as legítimas expectativas de atuação e para as probabilidades de comportamentos.

Exemplifica Verçosa (2014, p. 486, grifo do original):

> Para efeito de cláusulas ambíguas, deve ser feita uma distinção entre o *uso normativo* e o *uso interpretativo*. O primeiro é fonte de substancial do direito. O segundo corresponde a uma prática geral interpretativa que, no caso de se tratar de um contrato empresarial, deve refletir-se ao lugar da sede da empresa. Ou seja, uma coisa é a norma que nasceu de fonte costumeira, outra é a maneira de interpretá-la, segundo um costume próprio.

Concluímos que os usos e os costumes, ainda que com menor grau de institucionalização do que as normas positivadas (lei), são regras objetivas que decorrem da prática reiterada na atividade empresarial, e não de eventual subjetivismo das partes. Por mais que não constem em texto escrito, o que poderia criar alguma dificuldade em sua utilização no campo empresarial, gerando certa insegurança, é técnica valiosa, que, se corretamente aplicada, é de extrema relevância ao direto dos contratos empresariais, uma vez que permite a favorável adaptação da ordem jurídica da atividade comercial e a interpretação das vontades aplicadas.

— 2.5 —
Confiança dos agentes econômicos

O ambiente que privilegia a segurança e a previsibilidade jurídica (Forgioni, 2016) é um campo fértil para o desenvolvimento da atividade econômica, o qual se consubstancia em negócios jurídicos, ou seja, nos contratos empresariais.

Verificando que os comportamentos são regidos por regras, são mais previsíveis e regulados, pois os comportamentos adquirem um caráter típico e uniforme. O mercado em que estão inseridos os contratos empresariais trabalha com a legítima expectativa de um contratante de que o outro contratante adotará o mesmo comportamento, o que demonstra a racionalidade do sistema, pois todas as partes se comportam com um padrão estabelecido.

Como vimos, a prática reiterada que fomenta a utilização dos usos e dos costumes, por vezes, reflete-se inicialmente na jurisprudência, ao se socorrer ao caso concreto, delineando as regras do mercado que mantém o sistema.

Os atos empresariais, que fomentam os negócios jurídicos partem da racionalidade, ou seja, da análise das condições favoráveis ou não para a alocação de riscos, os quais demonstram confiança e previsibilidade das condições da formatação dos contratos.

Vemos, então, que a "disciplina dos contratos empresariais deve privilegiar a confiança, tutelar a legítima expectativa; quanto maior o grau de confiança existente no mercado, menores os custos de transação e mais azeitado o fluxo de relações econômicas. (Forgioni, 2016, p. 95)".

Ao utilizarmos as regras jurídicas para segurança do mercado econômico, precisamos vislumbrar o cenário de velocidade em que as atividades mercantis ocorrem, e estas não podem ficar aguardando o processo legislativo nem ficar adstritas aos infindáveis recursos e entendimentos judiciais diversos. O direito pode atuar para disciplinar, e influenciar um comportamento, que, por mais que pareça oportunista, na prática do mercado, é totalmente aceito, proporcionando a preservação e o funcionamento do sistema econômico.

Esse direito, ao disciplinar o regramento da atividade empresarial, apresenta regramentos mais afetos à prática empresarial. Como exemplo citamos o *pacta sunt servanda*, que é força obrigatória para os contratos, devendo as obrigações assumidas ser respeitadas e cumpridas integralmente, valorando a autonomia da vontade, inclusive a liberdade de firmar o contrato, e a segurança da relação jurídica.

Nesse sentido, em defesa da relação empresarial, a doutrina reunida no Conselho da Justiça Federal confeccionou o Enunciado n. 25, que assim dispõe: "A revisão do contrato por onerosidade excessiva fundada no Código Civil deve levar em conta a natureza do objeto do contrato. Nas relações empresariais, deve-se presumir a sofisticação dos contratantes e observar a alocação de riscos por eles acordada" (CFJ, 2020).

Mesmo que de forma sempre responsiva, o legislador pode auxiliar a atividade empresarial fomentando legislação que regule e facilite o andamento dos contratos, com segurança e previsibilidade, como ocorre no contrato de alienação fiduciária de imóveis, que abordaremos adiante.

A atividade empresarial não é propriamente objeto do estudo jurídico, mas é regulada pelo direito de muitas formas. Assim, o direito pode influir na atividade empresarial, trazendo a confiança dos agentes, tanto em conduta e em sua autonomia de vontade quanto em alocação de riscos, podendo, então, ser protegidas pela previsibilidade jurídica.

Capítulo 3

Interpretação do contrato empresarial

Vimos que os contratos empresariais têm características próprias. Todo contrato pode estar sujeito à interpretação, pois as eventuais ambiguidades da escrita, as percepções diferentes dos contratantes, a demanda envolvida no negócio ou, até mesmo, a falta de boa-fé podem levar à necessidade de interpretação contratual.

Diante dessas situações, a interpretação passa a ser vetor de estabilização da atividade econômica, pois ela dará o sentido à vontade manifesta no contrato e às suas consequências.

Passamos, então, ao estudo de alguns critérios de interpretação do contrato, que visa dar o sentido desejado ao conteúdo que está expresso no instrumento, realizada com base em preceitos implícitos ou no comportamento das partes.

— 3.1 —
Função social do contrato

Para o presente estudo, vejamos a normatização do Código Civil – Lei n. 10.406, de 10 de janeiro de 2002, recém-atualizado pela Lei n. 13.874, de 20 de setembro de 2019:

> Art. 421. A liberdade contratual será exercida nos limites da função social do contrato.
>
> Parágrafo único. Nas relações contratuais privadas, prevalecerão o princípio da intervenção mínima e a excepcionalidade da revisão contratual.

Art. 421-A. Os contratos civis e empresariais presumem-se paritários e simétricos até a presença de elementos concretos que justifiquem o afastamento dessa presunção, ressalvados os regimes jurídicos previstos em leis especiais, garantido também que:

I – as partes negociantes poderão estabelecer parâmetros objetivos para a interpretação das cláusulas negociais e de seus pressupostos de revisão ou de resolução;

II – a alocação de riscos definida pelas partes deve ser respeitada e observada; e

III – a revisão contratual somente ocorrerá de maneira excepcional e limitada. (Brasil, 2002; 2019)

O que mais se destaca na função social do contrato empresarial é a econômica, ou seja, de propiciar a circulação de riquezas. Entretanto, no cumprimento dessa função, a liberdade da autonomia privada em contratar fica adstrita também à função social. Afirma Verçosa (2014, p. 182):

> A nosso ver, quando se dá início a uma atividade empresarial, para tanto sendo necessário utilizar-se dos bens formadores do estabelecimento comercial, seu titular estará naturalmente fazendo circular a riqueza existente e criando riqueza nova, com a distribuição econômica dos resultados positivos entre seus empregadores, fornecedores, etc. apropriando-se do lucro ao final. E como se sabe, caracterizando-se a atividade empresarial como de risco e tendo em conta, portanto, a possibilidade de se perder o que foi investido, deve-se concluir

que o empresário e a sociedade fazem atuar a tão mencionada função social da propriedade pela própria natureza e dinamicidade da empresa que põem em funcionamento e, por via de consequência, a função social do contrato.

Nesse contexto, salientamos que a função social do contrato é um limitador do princípio da autonomia privada, já que até mesmo a Constituição Federal de 1988, em seu art. 4º, inciso II, autoriza a liberdade de condutas e negócios que não sejam proibidos pela lei (Brasil, 1988).

A liberdade de iniciativa do empresário cria condições necessárias para empreender e negociar, o que fazem no claro intuito de benefício ao capital investido, que se traduz na busca pela lucratividade. E, nesse sentido, veio a bom termo a Declaração dos Direito da Liberdade Econômica (Lei n. 13.874/2019), que incluiu intervenção mínima do Estado, bem como a excepcionalidade da revisão contratual.

Observamos que essa intenção legislativa já encontrava consonância nos entendimentos judiciais, conforme verificamos no Recurso Especial n. 1.409.849/PR do Superior Tribunal de Justiça (STJ):

> RECURSO ESPECIAL. DIREITO CIVIL E PROCESSUAL CIVIL. LOCAÇÃO DE ESPAÇO EM SHOPPING CENTER. AÇÃO DE DESPEJO POR FALTA DE PAGAMENTO. APLICAÇÃO DO ART. 54 DA LEI DE LOCAÇÕES. COBRANÇA EM DOBRO DO ALUGUEL NO MÊS DE DEZEMBRO. CONCREÇÃO DO PRINCÍPIO DA AUTONOMIA PRIVADA. NECESSIDADE DE

RESPEITO AOS PRINCÍPIOS DA OBRIGATORIEDADE ("PACTA SUNT SERVANDA") E DA RELATIVIDADE DOS CONTRATOS ("INTER ALIOS ACTA"). MANUTENÇÃO DAS CLÁUSULAS CONTRATUAIS LIVREMENTE PACTUADAS. RECURSO ESPECIAL PROVIDO.

[...]

2. O controle judicial sobre eventuais cláusulas abusivas em contratos empresariais é mais restrito do que em outros setores do Direito Privado, pois as negociações são entabuladas entre profissionais da área empresarial, observando regras costumeiramente seguidas pelos integrantes desse setor da economia.

3. Concreção do princípio da autonomia privada no plano do Direito Empresarial, com maior força do que em outros setores do Direito Privado, em face da necessidade de prevalência dos princípios da livre iniciativa, da livre concorrência e da função social da empresa. [...] (Brasil, 2016a)

Veja que a função social é um conceito jurídico indeterminado (Gagliano, 2005), devendo ser definida diante do caso concreto, o que ocorrerá mediante análise do Judiciário, e sendo identificada sob uma perspectiva negativa quanto à autonomia privada, visto que todo contrato que atentar contra os valores sociais pode ter seu cumprimento não exigido.

Apenas como exemplo, se houver um contrato que possa gerar poluição, demissão em massa ou um extremo desequilíbrio do mercado, pode enquadrar-se em um desvirtuamento da função social do contrato.

Confira esse posicionamento no Enunciado n. 26 do Conselho da Justiça Federal: "O contrato empresarial cumpre sua função social quando não acarreta prejuízo a direitos ou interesses, difusos ou coletivos, de titularidade de sujeitos não participantes da relação negocial" (CFJ, 2020).

Com isso, podemos dizer que a função social do contrato, de modo geral, reside não apenas na não verificação da geração de prejuízos causados a terceiros que não estão participando do contrato, mas também na não constatação dos prejuízos que podem atingir a sociedade, ou a coletividade, que se socorre do resultado efetivo do contrato firmado pelo empresário.

Ainda que nas relações interempresariais haja maior liberdade de contratação, tal situação não significa que tudo poderá ser contratado, uma vez que se limitará ao que não ofenda a terceiros e, nesse caso, a própria sociedade.

Mesmo entre empresários, a função social do contrato tem efeitos tanto para a execução contratual quanto para a etapa antecedente, qual seja, a interpretação. Isso porque, se for constatada ambiguidade em seu teor, deve prevalecer a perspectiva que melhor evidencie o interesse coletivo (aqui compreendido como mercado), e não uma leitura contra a função social.

Não se pode perder de vista que a livre iniciativa e a autonomia privada se mantêm, mas a baliza do parágrafo único do art. 421 do Código Civil afirma que a intervenção estatal será mínima, operando-se as regras de mercado, inclusive quanto à revisão contratual, que é expressamente tratada como medida excepcional.

Cabe ressaltar que, no âmbito da aplicação do princípio da função social dos contratos empresariais, devemos ponderar sobre o risco de efeitos interventivos para o mercado, para que a questão somente sob o viés social não acabe por esvaziar, confundindo-se com eventual interesse individual (Ribeiro; Galeski Junior, 2015).

Por fim, a interpretação da função social do contrato não pode estar dissociada da função social da empresa, a qual deve adequar-se à realidade em que atua e, também, à realidade do mercado, como forma de proteger a sociedade e a continuidade dos negócios.

— 3.2 —

Boa-fé

A confiança esperada das partes, a probidade relacionada ao contrato e a proteção aos costumes são verdadeiros padrões de conduta.

Essa regra não é nova, pois já se fazia presente no Código Comercial de 1850, que foi revogado pelo atual Código Civil e assim ordenava: "Art. 131. Sendo necessario interpretar as clausulas do contracto, a interpretação, além das regras sobreditas, será regulada sobre as seguintes bases: 1. A intelligencia simples e adequada, que for mais conforme á boa fé, e ao verdadeiro espirito e natureza do contracto" (Brasil, 1850).

Hoje vemos que a cláusula de boa-fé é objetiva e implícita a todos os contratos, pois se encontra no atual ordenamento jurídico, no art. 422 do Código Civil: "Os contratantes são obrigados a guardar, assim na conclusão do contrato, como em sua execução, os princípios de probidade e boa-fé" (Brasil, 2002).

Da mesma forma preceitua o art. 113 do Código Civil: "Os negócios jurídicos devem ser interpretados conforme a boa-fé e os usos do lugar de sua celebração" (Brasil, 2002).

Entretanto, precisamos ter a visão da boa-fé apresentada no Código Civil, restaurada do Código Comercial revogado, que se vislumbra do comportamento do empresário, a qual pauta o padrão estabelecido pelo mercado em que está inserido.

Importante é a lição de Judith Martins-Costa (2008, p. 57), que afirma:

> a cláusula geral da boa-fé não atua unidimensionalmente, não se configura sempre do mesmo modo, mas se articula dinamicamente com as circunstâncias fática e normativas peculiares a cada setor em que se desodora a experiência jurídica. [...] Razões econômicas, razões de estratégia comercial, expectativas de risco anormal ou "regular", etc. devem, assim, ser sopesadas e ponderadas pelo intérprete, pois não estão divorciadas, em absoluto, do exercício dos direitos e das posições jurídicas na seara do Direito Comercial.

Então, devemos considerar, ao se buscar o olhar do intérprete pela boa-fé objetiva, que não podemos aplicar aos contratos empresariais a mesma forma de leitura que é aplicada aos contratos de consumo, ou até aos simplesmente civis, pois se verificam comportamentos distintos que os condicionam à realidade mercantil.

A boa-fé, em sua função interpretativa (Gomes, 2007), conduz os operadores do direito a buscar o entendimento das cláusulas contratuais que se revelem mais amoldadas ao objetivo buscado pelas partes, de forma comum, e não a que possa se mostrar mais benéfica ao interesse privado de somente um dos contratantes. Não podemos deixar de entender que, nas relações empresariais, ambas buscam o lucro, o que pode colidir com os interesses, mas que não pode levar à ampliação econômica de um dos contratantes em detrimento do lucro também buscado pelo outro contratante, pois isso inviabilizará a cooperação advinda da boa-fé.

Por mais que cause estranheza, no ambiente empresarial, o que se busca é que ambos possam alcançar seus objetivos, que visam ao lucro. Deverá haver a confiança dos agentes econômicos, a utilização de usos e costumes na prática empresarial e, ainda, a continuidade contratual que se traduz em certa interdependência econômica, daí encontramos o interesse comum.

Como já vimos, o art. 113 do Código Civil afirma que os contratos devem ser interpretados conforme a boa-fé e os usos comuns da realidade desses contratos, que, no nosso caso, é o empresarial.

E também temos a recente Declaração de Direitos de Liberdade Econômica, Lei n. 13.874/2019, que afirma, em seu art. 1º e parágrafos, que a interpretação do direito empresarial deve observar referida lei, em "favor da liberdade econômica, da boa-fé e do respeito aos contratos". Além disso, no art. 3º, inciso V, apresenta a "presunção de boa-fé nos atos praticados no exercício da atividade econômica, para os quais as dúvidas de interpretação do direito civil, empresarial, econômico e urbanístico serão resolvidas de forma a preservar a autonomia privada" (Brasil, 2019a).

A boa prática dos negócios empresariais, que se refletem no contrato, traduz-se nos costumes praticados pelo meio empresarial, os quais nascem da praxe empresarial, com vistas à resolução dos problemas que surgem no dia a dia dos atos negociais. Disso é possível inferir que o reconhecimento de posicionamentos, praticados de maneira uniforme e aceitos nas relações empresariais, deverá servir de parâmetro na interpretação dos negócios empresariais, expressando o princípio da confiança (Martins-Costa, 2008).

Observe que a doutrina também se posiciona nesse sentido ao aplicar a interpretação vinculada à condição empresarial, como ocorreu nos encontros do Conselho da Justiça Federal, sintetizados nos seguintes enunciados:

> 27. Não se presume violação à boa-fé objetiva se o empresário, durante as negociações do contrato empresarial, preservar segredo de empresa ou administrar a prestação de informações reservadas, confidenciais ou estratégicas, com o objetivo de não colocar em risco a competitividade de sua atividade. (CFJ, 2020)

170. A boa-fé objetiva deve ser observada pelas partes na fase de negociações preliminares e após a execução do contrato, quando tal exigência decorrer da natureza do contrato. (CFJ, 2020)

Da mesma forma, as questões trazidas para análise do caso concreto desaguam nos tribunais, os quais, ao interpretarem precisam fundamentar-se na boa-fé, mas não podem afastar-se da condição de contrato empresarial. Vejamos o entendimento do STJ no Recurso Especial n. 1.515.640/SP:

> RECURSOS ESPECIAIS. CIVIL E EMPRESARIAL. RELAÇÕES INTEREMPRESARIAIS REGULADAS PELA LEI, PELOS PRINCÍPIOS E COSTUMES MERCANTIS. NEGATIVA DE PRESTAÇÃO JURISDICIONAL. INOCORRÊNCIA.
>
> [...] 4. A prática de imputação das despesas com a emissão dos boletos ao comprador, segundo a recorrente, vinha, há muito, sendo levada a efeito junto aos varejistas–registre-se, há mais de 10 anos–revelando-se, pois, expressão das práticas comerciais atinentes à natureza do negócio celebrado entre as distribuidoras e as varejistas.
>
> 5. Não viola a boa-fé objetiva ou atenta contra os bons costumes aquilo que a própria lei estabelece como o padrão de conduta a ser tomado em matéria de responsabilidade pelo pagamento de despesas com a quitação de obrigações, sendo expressão do costume do negócio levado a efeito pelos experts que dele participam. [...] (Brasil, 2017f)

Importante é a prudência apresentada por Paula Forgioni (2016, p. 214):

> É preciso precaver-se contra o risco de se utilizar a boa-fé como remédio para todos os males, empregando-a em nome de amorfa busca da "justiça social". Especificamente no que toca ao direito comercial, mesmo nos contratos colaborativos, a boa-fé não pode ser aplicada de maneira a despir o agente econômico da sagacidade que lhe é peculiar. Tampouco deve ser aplicada como justificativa para o inadimplemento da parte ou desculpa para comportamentos imprudentes ou desconformes ao parâmetro de mercado.

Então, como vetor de interpretação do contrato empresarial, constatamos que a boa-fé deve ser constante no contrato, seja ao iniciar as negociações, seja durante o contrato, seja na conclusão. As legítimas expectativas devem ser protegidas no ambiente empresarial, visto que há pressuposto de igualdade de interesses e conhecimentos dos negócios, colocando a boa-fé como gerador da confiança existente no mercado, sem que isso possa criar uma excessiva proteção às partes ou, até mesmo, um subterfúgio para o descumprimento, desestabilizando todo o sistema espontaneamente criado, pelos contratos gerados.

Como já destacamos, a boa-fé deve ser verificada em todos os atos contratuais, o que demonstra a manutenção da segurança advinda da expectativa gerada nos demais contratantes. Contudo, a boa-fé também tem uma função integrativa, ou seja, que visa suprir lacunas do contrato e apresentar deveres implícitos aos contratantes.

Assim, foram talhadas as expressões: *venire contra factum proprium*; *supressio*; *surrectio*; e *tu quoque*.

Venire contra factum proprium ocorre quando há uma conduta e, posteriormente, verifica-se o agir de outra forma para exercer um direito, ou seja, o comportamento é contraditório, afrontando a expectativa já demonstrada pelos seus atos. Nesse sentido, a doutrina já se manifestou no Enunciado n. 362 do Conselho da Justiça Federal: "A vedação do comportamento contraditório (*venire contra factum proprium*) funda-se na proteção da confiança, tal como se extrai dos Artigos 187 e 422 do Código Civil" (CFJ, 2020).

Supressio refere-se à perda ou à supressão de um direito que não foi exercício em razoável lapso de tempo, mas não se confunde com a prescrição. Ocorre um comportamento omissivo de tal forma que, ao agir novamente para exercer tal direito, já não mais comporta uma expectativa legítima, visto que foi consumado um costume na relação contratual.

Surrectio acontece pelo exercício reiterado de uma conduta por um contratante, que leva a outro contratante a legítima expectativa de que seria continuado tal comportamento.

Tu toque tem sua aplicação para evitar que um contratante viole uma norma e, posteriormente, queira exercer direito dessa mesma norma. O que se evita é a traição da confiança.

Vejamos o reconhecimento da questão pelos tribunais com a citação da ementa do Recurso Especial n. 1.338.432/SP do STJ:

> RECURSO ESPECIAL. PROMESSA DE COMPRA E VENDA DE COMBUSTÍVEIS. OBRIGAÇÃO DO POSTO DE GASOLINA DE ADQUIRIR QUANTIDADES MÍNIMAS MENSAIS DOS PRODUTOS. REITERADO DESCUMPRIMENTO TOLERADO PELA PROMITENTE VENDEDORA. CLÁUSULA PENAL DESCABIDA.
>
> 1. Como de sabença, a *supressio* inibe o exercício de um direito, até então reconhecido, pelo seu não exercício. Por outro lado, e em direção oposta à *supressio*, mas com ela intimamente ligada, tem-se a teoria da *surrectio*, cujo desdobramento é a aquisição de um direito pelo decurso do tempo, pela expectativa legitimamente despertada por ação ou comportamento.
>
> 2. Sob essa ótica, o longo transcurso de tempo (quase seis anos), sem a cobrança da obrigação de compra de quantidades mínimas mensais de combustível, suprimiu, de um lado, a faculdade jurídica da distribuidora (promitente vendedora) de exigir a prestação e, de outro, criou uma situação de vantagem para o posto varejista (promissário comprador), cujo inadimplemento não poderá implicar a incidência da cláusula penal compensatória contratada.
>
> 3. Recurso especial não provido. (Brasil, 2017g)

Com base nesse julgado, é possível constatar a importância do estudo aplicabilidade da boa-fé na interpretação do contrato e em seu exercício.

— 3.3 —
Declaração

As afirmações efetivadas no contrato equivalem à declaração do contraente. A declaração é a exteriorização da vontade destinada a levar ao conhecimento de outrem a intenção de provocar determinados efeitos jurídicos (Gomes, 2007).

Pela própria lógica empresarial, de que se pressupõe o profissionalismo do empresário, inclusive que exista igualdade formal das informações, o contratante não tem como prever o que o outro pensa além do verbal ou do expressamente manifesto na condução do contrato.

Assim, o ideal é sempre a manifestação expressa e preferencialmente escrita, para que não reste dúvidas, pois a segurança dos negócios empresariais depende da confiança dos atos praticados pelas partes.

— 3.3.1 —
Efeito do silêncio

O ato de silenciar pode ser interpretado como uma declaração quando for gerador de direito. Assim, não havendo obrigatoriedade da declaração expressa, a falta dela, ou seja, o silêncio gerará efeitos de declaração, nos termos do art. 111 do Código Civil.

As circunstâncias para a prática de tal forma de manifestação, ou melhor, sua silente manifestação, dependerá das circunstâncias ou da autorização dos usos e dos costumes aplicados ao negócio.

Esse silêncio quanto ao contrato já foi enfrentado pelo STJ no Recurso Especial n. 1.309.800/AM:

> RECURSO ESPECIAL. AÇÃO DE COBRANÇA DE ALUGUÉIS. DISTINÇÃO ENTRE OS CONTRATOS DE LOCAÇÃO E DE COMODATO. ABUSO DE DIREITO DO PROPRIETÁRIO DO BEM MÓVEL. [...]
>
> 5. Como de sabença, a boa-fé objetiva constitui relevante vetor interpretativo dos contratos (artigo 113 do Código Civil). Nada obstante, tal cláusula geral não pode resultar na transmutação de um pacto válido em outro, sem atentar para os elementos essenciais de cada um, máxime quando inexistente indício mínimo de prova apta a fundamentar a prestação jurisdicional requerida pela parte. Ademais, o diploma civilista erigiu o silêncio–não falar ou não fazer–como modalidade de manifestação da vontade, apta à produção de efeitos jurídicos (artigo 111).
>
> 6. Sob essa ótica, o fato jurídico extraído da utilização de bem infungível de terceiro demonstra a ocorrência de uma cessão de uso e gozo da coisa, mas não é capaz de, por si só, caracterizá-la como locação, consoante defendido no acórdão recorrido. Tal uso, ao revés, pode, sim, traduzir hipótese de comodato, cuja prova da gratuidade decorre, principalmente, do silêncio do proprietário da balsa que, ao notificar a Petrobrás sobre a aquisição do bem, não formulou qualquer pretensão voltada ao recebimento de aluguéis.

Limitou-se a assinalar que a balsa continuaria como píer, sem especificar qualquer pacto antecedente a ser prorrogado nem demonstrar, explicitamente, sua intenção de estabelecer uma relação jurídica locatícia, máxime sendo consabido que o comodato não pode ser convertido em locação de forma unilateral.

[...]

8. Outrossim, o citado comportamento da autora – que informou a Petrobrás sobre a aquisição da balsa, mas não requereu qualquer valor a título de aluguel, limitando-se a garantir a continuidade da cessão –, somado ao longo decurso do tempo (sete anos) sem qualquer cobrança da suposta dívida, configura as figuras da supressio e da surrectio. Assim, caso realmente tivesse sido instaurada uma relação locatícia entre as partes, o longo transcurso do tempo teria, de um lado, suprimido a faculdade jurídica da autora de cobrança de aluguéis e, de outro lado, criado uma situação de vantagem para a Petrobrás, legitimando sua alegação da existência de uma cessão não remunerada (o comodato). [...] (Brasil, 2017h)

Não é pacífico que o silêncio seja uma efetiva manifestação, uma declaração, mas quando, pela presunção legal, o costume deveria manifestar-se e silencia, é entendido com declaração efetivada.

— 3.3.2 —
Intenção das partes

Ainda que exista declaração no contrato, a demonstração (intenção) da parte em sentido diverso gerará efeitos, pois há ação nesse sentido. No entanto, para tal situação, como preceitua o art. 112 do Código Civil, adequa-se a situação de que os contratantes conhecem suas obrigações contratuais, mas que o instrumento não soube declarar de forma mais adequada o que era interesse das partes.

Essa interpretação, quando não resolvida pelos contratantes, é realizada pelos tribunais, como no Agravo Interno nos Embargos de Declaração no Agravo em Recurso Especial n. 1.475.627/SP do STJ:

> AGRAVO INTERNO NOS EMBARGOS DE DECLARAÇÃO NO AGRAVO EM RECURSO ESPECIAL. CIVIL. COBRANÇA DE MULTA POR RESCISÃO DE CONTRATO DE LOCAÇÃO DE PRÉDIO COMERCIAL. [...] REAL INTENÇÃO DOS CONTRATANTES. CÂNONE HERMENÊUTICO DA TOTALIDADE E DA COERÊNCIA. FINS ALMEJADOS PELAS PARTES. TEORIA DA IMPREVISÃO. FATO SUPERVENIENTE IMPREVISÍVEL. ENRIQUECIMENTO ILÍCITO. MULTA DO ART. 1.021, § 4º, DO CPC.
>
> 1. A própria Corte de origem transcreveu o artigo do instrumento contratual que referencia a questão da exigibilidade da cobrança de multa por rescisão contratual de locação em prédio comercial, de modo que tal fato permite melhor análise do

tema, sem que haja incursão nos óbices previstos nas Súmulas 5 e 7 do STJ. [...]

4. Isso porque, nas declarações de vontade, atender-se-á mais à intenção nelas consubstanciada do que ao sentido literal da linguagem, devendo ser preservadas as legítimas expectativas criadas pelas partes de boa-fé.

5. Em suma, a referida cláusula contratual deve ser interpretada com base no cânone hermenêutico da totalidade e da coerência, e não de maneira meramente literal, visto que o contrato cristaliza uma totalidade de sentido, não compactuando com perspectiva atomizada, isto é, isolada do contexto em que redigido e do restante do conteúdo do instrumento contratual.

6. Em outras palavras, o contrato não pode ser interpretado em tiras, aos pedaços, devendo, em verdade, cingir a totalidade dos interesses instrumentalizados pelas partes. [...]

9. Como agentes da operação econômica, exige-se daqueles que figuram nos polos da relação jurídica contratual que atuem de forma diligente com relação aos seus próprios interesses, isto é, que atuem em conformidade com o standard médio do *bonus paterfamilias*, máxime em se tratando de relação jurídica paritária que representa a veste jurídica formal de operação econômica.

10. Nota-se que foi exatamente o que ocorreu no caso concreto: os recorridos agiram em conformidade com a conduta do *bonus paterfamilias*, com cálculo e prudência na realização do negócio jurídico, mas, por alteração superveniente das circunstâncias fáticas, modificou-se o equilíbrio econômico do contrato. [...] (Brasil, 2020b)

A intenção das partes como forma de interpretação torna responsabilidade do intérprete conhecer tanto o contrato quanto o contexto em que está inserido, pois o contrato empresarial, por vezes, é eivado de costumes próprios advindos dessa relação.

— 3.3.3 —
Renúncia

Na autonomia da vontade, a parte contratante pode abrir mão de um direito de que dispõe. Por ser apenas em benefício da outra parte e deve ser interpretada de forma restrita, de acordo com o art. 114 do Código Civil: "Os negócios jurídicos benéficos e a renúncia interpretam-se estritamente" (Brasil, 2002).

É uma proteção, pois, com a renúncia, amplia-se o benefício de outra parte sem a paridade necessária, devendo a extensão ser restrita ao declarado na renúncia.

— 3.3.4 —
Adesão

Em alguns contratos, uma parte tem pouca ou nenhuma possibilidade de manifestação na construção das cláusulas contratuais, o que caracteriza o chamado *contrato por adesão*.

Em razão de ocorrer a limitação às informações constantes das cláusulas, há certa assimetria entre as partes, visto que não foram negociados os termos constantes dos ajustes contratuais.

Com o fim de assegurar uma equiparação real, não só formal, dos contratantes nos contratos de adesão, o Código Civil, em seu art. 423, fornece critérios interpretação para tentar eliminar ambiguidades e contradições por meio de interpretação mais favorável ao aderente: "Quando houver no contrato de adesão cláusulas ambíguas ou contraditórias, dever-se-á adotar a interpretação mais favorável ao aderente" (Brasil, 2002).

De forma coesa, o art. 424 profere a nulidade de cláusulas estipuladoras da renúncia antecipada do aderente a direito emergente da natureza do negócio: "Nos contratos de adesão, são nulas as cláusulas que estipulem a renúncia antecipada do aderente a direito resultante da natureza do negócio" (Brasil, 2002).

Essa aplicação interpretativa em contratos empresariais ocorre independentemente de ser o contrato de consumo ou civil, como já foi definido pela doutrina no Enunciado n. 171 do Conselho da Justiça Federal: "O contrato de adesão, mencionado nos arts. 423 e 424 do novo Código Civil, não se confundem com o contrato de consumo" (CJF, 2020).

Sobre a aplicação hermenêutica, Gomes (2007, p. 149) afirma:

> Cabe ao juiz impedir que seus efeitos se produzam, não permitindo que desvirtuem o espírito das cláusulas essenciais ou que tenham eficácia se não foram conhecidas suficientemente pela parte aderente. Aplica-se a regra de hermenêutica,

segundo a qual devem ser interpretadas a favor do contratante que se obrigou por adesão. Outra regra a observar é que, se houver incompatibilidade entre cláusulas impressas e cláusulas acrescentadas ao formulário, prevalecem estas.

Não se conclua, daí, que a intervenção judicial na aplicação dessas regras é livre. Se fosse, a insegurança dominaria os contratos de adesão. O poder do juiz–poder moderador–deve ser usado conforme o princípio de que os contratos devem ser executados de boa-fé de tal sorte que só os abusos e deformações sejam coibidos. A exagerada tendência para negar força obrigatória às cláusulas impressas é, de todo em todo, condenável, até porque não deve o juiz esquecer que certas cláusulas rigorosas são necessárias à consecução dos fins perseguidos pelos contratos de adesão.

A adesão, em que pese poder restringir certa liberdade, não é fato impeditivo para a contratação, pois há até mesmo alguns contratos, como o de franquia, que limitam a negociação de cláusulas preestabelecidas. Eventualmente, o desvio da boa-fé deverá ser corrigido por terceiros, seja pelo Judiciário, seja pela arbitragem.

Por fim, a adesão é uma declaração de vontade válida, mas sua interpretação merece maior cuidado, pois, não agindo de forma ativa, o aderente fica vulnerável a uma ingerência na construção das cláusulas contratuais.

3.4
Conservação do contrato

Sendo o contrato uma forma de circulação de riquezas, há interesse em sua manutenção, preservando-se sua função social.

Nesse sentido, a interpretação deve visar à conservação do contrato e de suas cláusulas, a fim de que possam produzir os efeitos concretos a que se destinam. Havendo ambiguidade, a cláusula em questão deve ser entendida no sentido pelo qual possa produzir efeitos, preservando-se a relação contratual, ou seja, o objetivo do negócio jurídico.

Não podemos supor que os contraentes tenham celebrado um contrato inutilmente ou sem seriedade. O contrato, assim como suas cláusulas, deve ser interpretado no sentido de que, ainda que possa gerar qualquer efeito, deve prevalecer a interpretação que lhe dê o significado mais útil (Gomes, 2007).

Entretanto, de forma excepcional, o eventual afastamento de cláusulas abusivas ou a substituição delas poderá ocorrer por meio do julgador, que alterará o conteúdo do contrato, mas sempre na perspectiva de sua conservação.

Tal entendimento também consta no Enunciado n. 176 do Conselho da Justiça Federal: "Em atenção ao princípio da conservação dos negócios jurídicos, o art. 478 do Código Civil de 2002 deverá conduzir, sempre que possível, à revisão judicial dos contratos e não à resolução contratual" (CJF, 2020).

Da mesma forma, a proteção da função social é pressuposto da conservação do contrato empresarial, nos termos do Enunciado n. 22: "A função social do contrato, prevista no art. 421 do novo Código Civil, constitui cláusula geral que reforça o princípio de conservação do contrato, assegurando trocas úteis e justas" (CJF, 2020).

Ilustra esse entendimento o disposto no Recurso Especial n. 1.409.849/PR do STJ:

> RECURSO ESPECIAL. DIREITO CIVIL E PROCESSUAL CIVIL. LOCAÇÃO DE ESPAÇO EM SHOPPING CENTER. AÇÃO DE DESPEJO POR FALTA DE PAGAMENTO. APLICAÇÃO DO ART. 54 DA LEI DE LOCAÇÕES. COBRANÇA EM DOBRO DO ALUGUEL NO MÊS DE DEZEMBRO. CONCREÇÃO DO PRINCÍPIO DA AUTONOMIA PRIVADA. NECESSIDADE DE RESPEITO AOS PRINCÍPIOS DA OBRIGATORIEDADE ("PACTA SUNT SERVANDA") E DA RELATIVIDADE DOS CONTRATOS ("INTER ALIOS ACTA"). MANUTENÇÃO DAS CLÁUSULAS CONTRATUAIS LIVREMENTE PACTUADAS. RECURSO ESPECIAL PROVIDO.
>
> 1. Afastamento pelo acórdão recorrido de cláusula livremente pactuada entre as partes, costumeiramente praticada no mercado imobiliário, prevendo, no contrato de locação de espaço em *shopping center*, o pagamento em dobro do aluguel no mês de dezembro.
>
> 2. O controle judicial sobre eventuais cláusulas abusivas em contratos empresariais é mais restrito do que em outros setores do Direito Privado, pois as negociações são entabuladas

entre profissionais da área empresarial, observando regras costumeiramente seguidas pelos integrantes desse setor da economia.

3. Concreção do princípio da autonomia privada no plano do Direito Empresarial, com maior força do que em outros setores do Direito Privado, em face da necessidade de prevalência dos princípios da livre iniciativa, da livre concorrência e da função social da empresa.

4. RECURSO ESPECIAL PROVIDO. (Brasil, 2016a)

Ao interpretar o contrato empresarial no sentido de conservá-lo, resguarda-se sua função social, mantendo a lógica comercial, em que o desgaste da quebra da relação empresarial pode ser até mais nefasto ao mercado como um todo.

Por fim, como pressuposto da autonomia privada, bem como dos riscos e do encontro de vontades em produzir riquezas, que se mostra possível até a pactuação de adequadas formas de interpretar o contrato, a doutrina já se manifestou no Enunciado n. 23 do Conselho da Justiça Federal: "Em contratos empresariais, é lícito às partes contratantes estabelecer parâmetros objetivos para a interpretação dos requisitos de revisão e/ou resolução do pacto contratual" (CJF, 2020).

Reiteramos que, diante de um contrato firmado entre iguais, cabe às partes estabelecer os parâmetros, as cláusulas de revisão, a resolução e a interpretação que vão reger tal ajuste, com o claro fim de conservar a intenção disposta no contrato empresarial.

Capítulo 4

Requisitos, formação e extinção do contrato

O empresário, na execução de sua atividade econômica, fomenta a criação e circulação de bens e serviços como forma de produzir riquezas. Com esse fim, aproxima-se de outros empresários, ainda sem vínculos, para iniciar as tratativas que, se prosseguirem, alcançarão a condição de contrato. Neste capítulo, vamos apresentar os requisitos de validade do contrato e também o modo como ocorre sua formação, desde a fase pré-contratual até sua extinção.

— 4.1 —
Requisitos de validade

O contrato como reflexo do negócio jurídico precisa cumprir com os requisitos de validade constantes do Código Civil – Lei n. 10.406, de 10 de janeiro de 2002, em seu art. 104: "I – agente capaz; II – objeto lícito, possível, determinado ou determinável; III – forma prescrita ou não defesa em lei" (Brasil, 2002).

Dessa forma, o contrato empresarial deve atender a essas condições para que sua validade não seja questionada.

A **capacidade** verifica-se na condição de empresário (art. 966 do Código Civil), o qual aloca recursos e formaliza uma personalidade jurídica distinta, ou seja, a empresa (sociedade empresária). Então, a capacidade para o contrato empresarial está condicionada com o que preceitua o art. 45 do Código Civil: "Começa a existência legal das pessoas jurídicas de direito privado com a inscrição do ato constitutivo no respectivo registro, precedida, quando necessário, de autorização ou aprovação do

Poder Executivo, averbando-se no registro todas as alterações por que passar o ato constitutivo" (Brasil, 2002).

Não devemos confundir a condição do empresário com a sociedade empresária. Estes podem parecer sinônimos, mas não o são, pois o empresário é o representante legal e age em nome e no interesse da sociedade empresária. É o que estampa o art. 49-A do Código Civil: "A pessoa jurídica não se confunde com os seus sócios, associados, instituidores ou administradores" (Brasil, 2002).

O agente capaz deve ter condições jurídicas de cumprir com a legalidade do ato que pratica, pois assume os termos avençados e enseja na outra parte a legítima expectativa do cumprimento das condições contratadas. Como exemplo, podemos citar o contrato bancário, em que o requisito de validade encontra-se vinculado à capacidade de o contratante banco estar devidamente registrado junto ao Banco Central.

Quanto ao **objeto**, este reflete uma obrigação, que pode ser a entrega de uma coisa, como o exercício de uma atividade ou a transmissão de um direito (Gomes, 2007). A causa do objeto do contrato é, primeiramente, sua função econômica (Verçosa, 2014), que, para o estudo do contrato empresarial, mostra-se a mais importante, pois sempre haverá interesse de ambos os contratantes em benefício próprio: a busca do lucro. Assim, a prestação (entrega de uma coisa, exercício de uma atividade ou transmissão de um direito) reflete os interesses a que as partes querem satisfazer, constituindo os efeitos essenciais do contrato e a determinação de seu conteúdo mínimo (Gomes, 2007).

Por fim, a **forma**, inicialmente, é livre, não havendo necessidade de uma solenidade, o que decorre do disposto no art. 107 do Código Civil: "A validade da declaração de vontade não dependerá de forma especial, senão quando a lei expressamente a exigir" (Brasil, 2002).

A forma especial não se confunde com o contrato escrito, o qual apenas se formaliza por escrito, como meio de fazer prova do objeto e das condições escolhidas pelos contratantes. É decorrente da prescrição legal, como nos contratos que envolvem transferência de imóveis, os quais sempre serão efetivados por escritura pública.

Nos contratos empresariais, há casos de necessária solenidade, por exemplo, o contrato de transferência de tecnologia, para o qual deve ser efetivada sua averbação junto ao Instituto Nacional de Propriedade Industrial.

— 4.2 —
Fase pré-contratual

Não é comum o contrato empresarial se formar de súbito. Muitas vezes, antes de iniciar a oferta ou a proposta de uma parte e a aceitação da outra, há a fase pré-contratual, ou seja, as negociações preparatórias (ou entendimentos preliminares).

Essa fase refere-se às negociações, trocas de estudos, observações, análises etc. "Debatem os interessados as condições que podem tomar o contrato viável, prolongando-as com o objetivo de verificarem se o negócio realmente lhes convém" (Gomes,

2007, p. 72). São tratativas que precedem o futuro vínculo contratual, as quais podem ou não ser escritas, como minutas, que ainda não têm eficácia.

Algumas dessas tratativas podem adquirir relevância jurídica, pois podem iniciar a formação da base contratual, a exemplo da promessa de uma parte fornecer informações relevantes à obtenção do vínculo contratual, suscetível de gerar direitos e obrigações (Verçosa, 2014).

Então, o consentimento das negociações e a confiança entre as partes iniciam-se antecipadamente à alocação das obrigações firmadas, devendo sempre pautar-se pela boa-fé.

Ao iniciarem as tratativas, os empresários devem demonstrar os requisitos essenciais, os quais serão efetivados posteriormente no negócio jurídico formulado como contrato empresarial.

Mesmo antes de o contrato ser formalizado, há imposição legal para a apresentação de algumas condições, sob pena de anulabilidade do contrato, como ocorre no contrato de franquia, que, conforme o art. 2º da Lei n. 13.966, de 26 de dezembro de 2019, demanda a apresentação prévia da circular de oferta de franquia (COF) (Brasil, 2019b).

A **obrigação legal**, muito mais que a boa-fé e a confiança na interpretação das tratativas iniciadas, tem caráter que evidencia imposição para sua competente validade, a qual será aferida de forma objetiva quanto ao cumprimento.

A fase que antecede o contrato requer das partes a **confiança**, pois haverá intercâmbio de informação sensível ao negócio, representando o salutar **sigilo**.

Também a depender da contratação entre as sociedades empresárias, pode ser necessária a confecção de projetos que antevejam o contrato principal.

Verificamos, nesse momento, já que estão tendentes ao contrato futuro, que os contratantes começam a expor mais suas intenções e, por conseguinte, ampliam as informações, expressando os deveres da boa-fé, "no sentido de que cada um espera do outro uma atitude leal e séria" (Verçosa, 2014, p. 340).

As partes do contrato, em sua autonomia da vontade, podem predeterminar as **obrigações prévias**, oportunizando a busca do sigilo.

Mesmo que não se caracterize, em princípio, o vínculo contratual final, tais obrigações merecem ser protegidas, pois há responsabilidade dos contratantes na fase pré-contratual "quando ocorre a ruptura arbitrária e intempestiva das negociações, contrariando o consentimento dado na sua elaboração, de modo tal que a outra parte, se soubesse que corria o risco de uma retirada repentina, não teria tomado as medidas que adotou" (Diniz, 2019, [s.p.]).

Nesse sentido, é bastante explicativo o Recurso Especial n. 1.309.972/SP do Superior Tribunal de Justiça (STJ):

> RECURSO ESPECIAL. [...] RESPONSABILIDADE PELA QUEBRA DA CONFIANÇA. ORIGEM NA CONFIANÇA CRIADA. EXPECTATIVA LEGÍTIMA DE DETERMINADO COMPORTAMENTO. RESPONSABILIDADE PRÉ-CONTRATUAL. INEXISTÊNCIA DE CONTRATO FORMAL SUPERADA PELA REPETIÇÃO DE ATOS. [...]

4. A teoria da confiança ingressa no vácuo existente entre as responsabilidades contratual e extracontratual e seu reconhecimento se fundamenta principalmente no fato de que o sujeito que dá origem à confiança de outrem e, após, frustra-a, deve responder, em certas circunstâncias, pelos danos causados dessa frustração. A defraudação da confiança constitui o verdadeiro fundamento da obrigação de indenizar.

5. A responsabilidade fundada na confiança visa à proteção de interesses que transcendem o indivíduo, ditada sempre pela regra universal da boa-fé, sendo imprescindível a quaisquer negociações o respeito às situações de confiança criadas, estas consideradas objetivamente, cotejando-as com aquilo que é costumeiro no tráfico social.

6. A responsabilidade pela quebra da confiança possui a mesma *ratio* da responsabilidade pré-contratual, cuja aplicação já fora reconhecida pelo STJ (REsp 1051065/AM, REsp 1367955/SP). O ponto que as aproxima é o fato de uma das partes gerar na outra uma expectativa legítima de determinado comportamento, que, após, não se concretiza. O ponto que as diferencia é o fato de, na responsabilidade pré-contratual, a formalização de um contrato ser o escopo perseguido por uma das partes, enquanto que na responsabilidade pela confiança, o contrato, em sentido estrito, não será, ao menos necessariamente, o objetivo almejado. [...]

8. Com efeito, por mais que inexista contrato formal, o direito deve proteger o vínculo que se forma pela repetição de atos que tenham teor jurídico, pelo simples e aqui tantas vezes repetido motivo: protege-se a confiança depositada por uma das partes na conduta de seu parceiro negocial. [...] (Brasil, 2017d)

Com ato praticado, antes da efetivação do contrato, mas já havendo iniciada a fase pré-contratual, quando houver consentimento com as negociações e confiança, haverá responsabilidade referente a eventual dano atual e certo derivado dessas tratativas, desde que comprovado efetivo nexo de causalidade entre a conduta do contratante e o dano.

Nesse contexto, constatamos, então, que não será em razão da condição de profissionalismo do empresário e do risco envolvido em todos os seus negócios que ficarão isentas as atitudes que não respeitem a boa-fé.

— 4.3 —
Fase contratual

Vencida a fase anterior, os contratantes decidem formalizar seus interesses comuns. Nos negócios em que a fase pré-contratual é inexistente, inicia-se o contrato diretamente. Verificaremos, agora, as etapas de fase contratual propriamente dita.

— 4.3.1 —
Proposta e aceitação

Por meio da proposta, há a demonstração da vontade de vincular ao contrato. É o momento em que se confirma a declaração de vontade de uma das partes contratantes (Coelho, 2012a). Pela seriedade, em princípio, a proposta obriga o proponente, nos termos do art. 427 do Código Civil: "A proposta de contrato obriga o proponente, se o contrário não resultar dos termos dela, da natureza do negócio, ou das circunstâncias do caso" (Brasil, 2002).

Em razão da seriedade impressa pela proposta, o próprio legislador já previu algumas exceções previstas no art. 428 do Código Civil, casos em que ela deixa de ser obrigatória:

> I – se, feita sem prazo a pessoa presente, não foi imediatamente aceita. Considera-se também presente a pessoa que contrata por telefone ou por meio de comunicação semelhante;
>
> II – se, feita sem prazo a pessoa ausente, tiver decorrido tempo suficiente para chegar a resposta ao conhecimento do proponente;
>
> III – se, feita a pessoa ausente, não tiver sido expedida a resposta dentro do prazo dado;
>
> IV – se, antes dela, ou simultaneamente, chegar ao conhecimento da outra parte a retratação do proponente. (Brasil, 2002)

Vale aqui contextualizarmos, pois, como dispõe o inciso I, entre presentes, a proposta pode ser imediata (sem prazo), por meio de intercomunicação, ainda que sem a presença física. Atualmente temos as novas tecnologias, que foram se difundindo pela internet e redes sociais, como Facebook, Telegram, WhatsApp, Skype, Instagram, ou outros que possam surgir.

Entre ausentes, o critério de formação do contrato utiliza para sua interpretação a teoria da expedição (Gomes, 2007), ou seja, desde que demostrada a vontade de contratar do proponente e a aceitação, em que há a vinculação da outra parte aos termos da proposta.

A aceitação poderá até ser tácita, como prenuncia o art. 432 do Código Civil: "Se o negócio for daqueles em que não seja costume a aceitação expressa, ou o proponente a tiver dispensado, reputar-se-á concluído o contrato, não chegando a tempo a recusa" (Brasil, 2002).

Concluímos, com mais vigor nos contratos empresariais, a importância dos usos e dos costumes no trato empresarial, pois, principalmente em contratos de trato sucessivo, há propostas e aceitações em que a concordância tácita tem validade, e somente a não aceitação deverá ser expressa.

— 4.3.2 —
Cumprimento do contrato empresarial

As obrigações de um contrato são pactuadas para o devido cumprimento e satisfação, os quais se processam pelo comportamento do devedor em cumprir o que se obrigou.

Se o contrato for de obrigação instantânea, o mero adimplemento causa a sua extinção. Entretanto, sendo o contrato de trato sucessivo ou com execução que se protrai no tempo, as obrigações serão cumpridas conforme seus vencimentos.

O Código Civil regula diversos institutos que induzem o cumprimento e a extinção de obrigações. Para nosso estudo verificaremos o pagamento e o adimplemento substancial, os quais julgamos mais importantes.

O **pagamento** é o ato jurídico de cumprimento efetivo do contrato, pois nele é possível verificar o encerramento do débito obrigacional existente. Aqui, tratamos do cumprimento da obrigação, constante da prestação devida no negócio jurídico formalizado, que o Código Civil trata a partir do art. 304.

Assim, a satisfação do débito ocorre pelo efetivo pagamento. Quem paga tem direito à quitação, que poderá ser dada por instrumento particular, demonstrando o valor, a espécie de dívida paga, o nome do devedor, o tempo e o lugar do pagamento, constando assinatura do credor ou de seu representante, conforme disposto nos arts. 319 e 320 do Código Civil.

Também poderão ser efetivadas pelo devedor da obrigação contratual outras formas de pagamento:

- **Pagamento em consignação** – Pode ser definido como o meio indireto do devedor, em caso de mora do credor em receber, exonerar-se do cumprimento obrigacional, consistente no depósito judicial (consignação judicial) ou em estabelecimento bancário (consignação extrajudicial), da coisa devida, como prenunciam os arts. 334 a 345 do Código Civil (Tartuce, 2017).
- **Pagamento com sub-rogação** – Ocorre quando um terceiro cumpre a obrigação, transmitindo-se o crédito para este.

Portanto, pagar com sub-rogação é pagar em substituição de outrem, e como estampado no art. 346 do Código Civil, em favor:

> I – do credor que paga a dívida do devedor comum;
>
> II – do adquirente do imóvel hipotecado, que paga a credor hipotecário, bem como do terceiro que efetiva o pagamento para não ser privado de direito sobre imóvel;
>
> III – do terceiro interessado, que paga a dívida pela qual era ou podia ser obrigado, no todo ou em parte. (Brasil, 2002)

- **Dação em pagamento** – É o recebimento de prestação diversa da contratada (art. 356 do Código Civil), mas, mesmo regendo-se pelas regras da compra e venda, não se confunde com esta porque supõe, necessariamente, obrigação preexistente, ao passo que a venda se basta a si própria (Gomes, 2007).
- **Novação** – É negócio jurídico que extingue a obrigação anterior (principal e acessórias), pois cria-se uma nova obrigação, nos termos dos arts. 360 a 364 do Código Civil. Para sua validade como novação, as partes devem manifestar vontade de criar uma nova obrigação que substitua a anterior, o chamado *animus novandi*. Se tal situação não ocorrer, apenas haverá a confirmação da primeira obrigação pela primeira, nos termos do art. 361 do Código Civil (Tartuce, 2017).
- **Compensação** – Ocorre quando duas ou mais pessoas forem, ao mesmo tempo, credoras e devedoras umas das outras,

extinguindo-se as obrigações até o ponto em que se equivalerem, conforme se expõe o art. 368 do Código Civil. Mas não podemos esquecer que as dívidas a compensar devem ser líquidas, vencidas e de coisas fungíveis (art. 369 do Código Civil).

No contexto da satisfação da obrigação elencada no contrato empresarial, foi construída pela doutrina e vem sendo acolhida pela jurisprudência do STJ a possibilidade de utilização da **teoria do adimplemento substancial** como causa de extinção da obrigação (Ramos, 2017), bem como decorre do princípio da conservação dos negócios jurídicos.

Define Gomes (2007, p. 45): "Adimplemento substancial (*substantial performance*), hipótese em que o contratante executa grande parte de suas obrigações e somente deixa de executar parte insignificante perante o todo, cuja consequência principal é impedir a resolução do contrato sob alegação de inadimplemento".

Este é o entendimento do Enunciado n. 361 do Conselho da Justiça Federal: "O adimplemento substancial decorre dos princípios gerais contratuais, de modo a fazer preponderar a função social do contrato e o princípio da boa-fé objetiva, balizando a aplicação do art. 475" (CJF, 2020).

O objeto contratado adimplido em parte substancial poderia retirar do lesado a possibilidade de escolher a rescisão do contrato, somente podendo exigir o cumprimento da obrigação e eventuais perdas e danos, em respeito ao princípio da conservação do contrato.

No entanto, o STJ vem posicionando-se de forma cada vez mais reticente à manutenção desse entendimento, principalmente em contratos de alienação fiduciária.

— 4.3.3 —
Descumprimento do contrato empresarial

No contrato, os contraentes assumem obrigações que deverão ser cumpridas, e seu descumprimento, total ou parcial, gera o inadimplemento dessas obrigações, o que pode levar à extinção do contrato.

Nesse sentido, a responsabilidade contratual decorre do inadimplemento da prestação prevista no contrato: "É uma violação da norma contratual fixada pelas partes" (Teixeira, 2016, p. 676).

Podemos verificar que, além da possível consequência jurídica da extinção, ocorre o ilícito contratual, que é o inadimplemento da obrigação, previsto no art. 389 do Código Civil: "Não cumprida a obrigação, responde o devedor por perdas e danos, mais juros e atualização monetária segundo índices oficiais regularmente estabelecidos, e honorários de advogado" (Brasil, 2002).

O inadimplemento da obrigação constitui o devedor em mora, caracterizando o atraso ou o descumprimento da obrigação. Considera-se em mora o devedor (*mora debitoris*) que não efetua o pagamento ao credor e o credor (*mora creditoris*) que não quiser receber no tempo, no lugar e na forma que a lei, ou o convencionado entre as partes, determina, nos termos do art. 394 do Código Civil.

Configurado o descumprimento, nos termos do art. 395 do Código Civil, há algumas importantes consequências, como perdas e danos, juros de mora e cláusula penal.

Quanto ao **ressarcimento em perdas e danos**, o não cumprimento do contrato pode caracterizar um ilícito contratual, podendo gerar dano ao contratante inocente, com potencial causa de danos ao credor.

A inexecução pode ser culposa ou não. Se o devedor não cumpre as obrigações contraídas, pode o credor exigir a execução do contrato, compelindo-o a cumpri-las ou exigindo que lhe pague perdas e danos, além da resolução contratual (Gomes, 2007).

As perdas e os danos abrangem o que perdeu (*damnum emergens* – dano emergente) e o que deixou de lucrar (*lucrum cessans* – lucros cessantes) (Gomes, 2007).

Ainda sobre perdas e danos, é claro o disposto no Código Civil nos arts. 402 e 403:

> Art. 402. Salvo as exceções expressamente previstas em lei, as perdas e danos devidas ao credor abrangem, além do que ele efetivamente perdeu, o que razoavelmente deixou de lucrar.
>
> Art. 403. Ainda que a inexecução resulte de dolo do devedor, as perdas e danos só incluem os prejuízos efetivos e os lucros cessantes por efeito dela direto e imediato, sem prejuízo do disposto na lei processual. (Brasil, 2002)

Assim, entre a conduta e o dano deverá haver a causalidade adequada, ou seja, deverá ser verificado quem deu causa e se houve ou não concorrência da parte contrária para o devido cálculo do que foi perdido pelo inadimplemento da obrigação pelo devedor.

A fixação de perdas e danos gerará um valor pecuniário, que ficará sujeito a remuneração por juros, ou seja, os **juros de mora**.

Cabe aqui diferenciarmos os juros compensatórios dos juros de mora. Aqueles são os valores remuneratórios do capital, normalmente pactuado em contrato, mas que não estão relacionados a reparação de danos. Por sua vez, estes ocorrem quando há prestação descumprida e referem-se ao tempo de atraso até o adimplemento. Em perdas e danos, eles decorrem do processo judicial, em que se busca o ressarcimento, como preceitua o art. 405 do Código Civil: "Contam-se os juros de mora desde a citação inicial" (Brasil, 2002).

Nos termos do art. 406 do Código Civil, os juros serão limitados à "taxa que estiver em vigor para a mora do pagamento de impostos devidos à Fazenda Nacional" (Brasil, 2002). Esse limite é aplicado, atualmente, em 1% ao mês, como exposto no parágrafo 1º do art. 161 do Código Tributário Nacional – Lei n. 5.172, de 25 de outubro de 1966 (Brasil, 1966c).

Ao confeccionar o contrato, as partes podem formalizar um pacto acessório ao cumprimento, que antevê eventual descumprimento o valor indenizatório – trata-se da **cláusula penal**.

Quanto à sua finalidade, Verçosa (2014, p. 332) esclarece:

> Duas são as finalidades buscadas pelas partes quando instituem a chamada cláusula penal: (i) instrumento de reforço ao cumprimento da prestação; e (ii) sucedâneo previamente avaliado das perdas e danos experimentadas pelo credor insatisfeito. Nos contratos empresariais avulta a segunda finalidade, uma vez que, por princípio, o adimplemento do contrato interessa igualmente às duas partes em vista do proveito econômico recíproco advindo do seu cumprimento.

Assim, a cláusula penal torna-se uma multa pela violação positiva da obrigação (Rosenvald, 2007), servindo de desestímulo para o descumprimento do contrato. Caso ocorra o inadimplemento e ele seja constituído em mora, aplica-se a cláusula penal, nos termos do art. 408 do Código Civil.

Como já afirmamos, a cláusula penal, por ser acessória da obrigação principal, não pode exceder esse valor, nos termos do art. 412 do Código Civil.

Cabe lembrar que a cláusula penal não tem a função de indenização ou ressarcimento em perdas e danos, uma vez que estes precisam da demonstração do prejuízo e do nexo com o inadimplemento.

Entretanto, o STJ tem-se manifestado pelo entendimento de que a cláusula penal seria a recomposição previamente estipulada de eventual prejuízo. Vejamos o teor do Agravo Interno no Agravo em Recurso Especial n. 1.148.115/PR:

AGRAVO INTERNO. RESCISÃO DE CONTRATO. INDUS-
TRIALIZAÇÃO POR ENCOMENDA. PEÇAS DE ESTOFADOS.
ALEGAÇÃO DE SUFICIÊNCIA DE TECIDO. [...]

1. Segundo a jurisprudência do STJ, "a cláusula penal compensatória visa recompor a parte pelos prejuízos que eventualmente venham a decorrer do inadimplemento total ou parcial da obrigação, representada por um valor previamente estipulado pelas próprias partes contratantes a título de indenização" (AgRg no REsp 1.408.010/SP, Rel. Ministro Ricardo Villas Boas Cueva, julgado em 2/12/2014, DJe 9/12/2014). [...] (Brasil, 2018a)

Diante desse entendimento, para a incidência da cláusula penal, não há necessidade de prova de dano, seja emergente, sejam lucros cessantes, para caracterizar o inadimplemento, pois, como estampado no art. 416 do Código Civil, "Para exigir a pena convencional, não é necessário que o credor alegue prejuízo" (Brasil, 2002).

Esse instrumento é bastante útil para a busca da conservação do contrato, uma vez que é indutor de conduta de cumprimento deste. Contudo, por ter característica de pena, deve ser resguardada a autonomia negocial, para que a determinação da cláusula penal não seja excessivamente pactuada, tendo em vista a natureza e a finalidade do negócio (art. 414 do Código Civil).

— 4.4 —
Extinção do contrato empresarial

Havendo o **cumprimento** das obrigações vinculadas ao contrato empresarial, este finda de forma normal.

Um eventual **descumprimento** pode levar à rescisão do contrato, com as consequências ora evidenciadas na seção anterior, quais sejam, perdas e danos, juros de mora e cláusula penal.

Se os contratantes, ao exercerem sua autonomia privada, decidirem findar o contrato, poderão fazê-lo do mesmo modo como fora formalizado, por meio do **distrato** (art. 472 do Código Civil).

Ainda, o contrato pode ser rompido quando uma das partes se recusar a dar cumprimento sob a alegação o descumprimento efetivado pela outra parte (*exceptio non adimpleti contractus*), como prevê o art. 476 do Código Civil: "Nos contratos bilaterais, nenhum dos contratantes, antes de cumprida a sua obrigação, pode exigir o implemento da do outro" (Brasil, 2002).

Também poderá ocorrer a **rescisão unilateral** quando um dos contratantes denunciar o contrato, porém, respeitando os investimentos e a natureza contratual, nos termos do art. 473 do Código Civil:

> Art. 473. A resilição unilateral, nos casos em que a lei expressa ou implicitamente o permita, opera mediante denúncia notificada à outra parte.

Parágrafo único. Se, porém, dada a natureza do contrato, uma das partes houver feito investimentos consideráveis para a sua execução, a denúncia unilateral só produzirá efeito depois de transcorrido prazo compatível com a natureza e o vulto dos investimentos. (Brasil, 2002)

Uma consequência prática da rescisão unilateral seria a reparação de danos, já que o denunciante descumpriu a confiança e as legítimas expectativas para que o investimento efetivado no objeto do contrato fosse devidamente absorvido ao longo do cumprimento do contrato. Entretanto, em respeito à boa-fé, nem sempre há possibilidade de reparar os danos, e os interesses de todos os contratantes podem ser antagônicos nesse momento, mas deverão ser respeitadas as condições possíveis do contrato, como já decidiu o STJ no Recurso Especial n. 972.436/BA:

> MEDIDA CAUTELAR QUE MANTÉM, POR PRAZO INDETERMINADO, A VIGÊNCIA DE CONTRATO. VIOLAÇÃO AO PRINCÍPIO DA AUTONOMIA DA VONTADE.
>
> [...]
>
> – O exame da função social do contrato é um convite ao Poder Judiciário, para que ele construa soluções justas, rente à realidade da vida, prestigiando prestações jurisdicionais intermediárias, razoáveis, harmonizadoras e que, sendo encontradas caso a caso, não cheguem a aniquilar nenhum dos outros valores que orientam o ordenamento jurídico, como a autonomia da vontade.

– Não se deve admitir que a função social do contrato, princípio aberto que é, seja utilizada como pretexto para manter duas sociedades empresárias ligadas por vínculo contratual durante um longo e indefinido período. Na hipótese vertente a medida liminar foi deferida aos 18.08.2003, e, por isto, há mais de 5 anos as partes estão obrigadas a estarem contratadas.

– A regra do art. 473, par. único, do CC/02, tomada por analogia, pode solucionar litígios como o presente, onde uma das partes do contrato afirma, com plausibilidade, ter feito grande investimento e o Poder Judiciário não constata, em cognição sumária, prova de sua culpa a justificar a resolução imediata do negócio jurídico. Pode-se permitir a continuidade do negócio durante prazo razoável, para que as partes organizem o término de sua relação negocial. O prazo dá às partes a possibilidade de ampliar sua base de clientes, de fornecedores e de realizar as rescisões trabalhistas eventualmente necessárias. [...] (Brasil, 2009)

Verificamos, então, que o contrato chega ao fim pelo cumprimento do objeto; pelo descumprimento contratual, incidindo todas as reparações à parte lesada; e pelo interese das partes, ainda que em contrariedade inicial de uma delas, o que será resolvido pela autonomia privada, havendo disponibilidade de manter-se ou não contratado.

Capítulo 5

*Contratos empresariais
em espécie*

Neste último capítulo, nosso objeto de estudo serão os contratos em espécie, os quais se encontram no Código Civil – Lei n. 10.406, de 10 de janeiro de 2002 (Brasil, 2002) – e em legislações esparsas, já que, diante da autonomia privada e da liberdade de contratar, novos tipos contratuais foram criados, e o ordenamento jurídico trouxe a necessária segurança jurídica para esses ajustes.

Como reunimos aqui 17 tipos de contratos para a análise, este capítulo tornou-se mais vultuoso em relação aos anteriores, no entanto, as seções estão bem delineadas para a melhor contextualização do tema, com vistas a facilitar o entendimento do leitor.

— 5.1 —
Compra e venda mercantil

Começaremos a análise dos contratos empresariais em espécie pelo contrato de compra e venda mercantil, o qual tem sua importância para o próprio desenvolvimento comercial e empresarial, como afirma Chagas (2017, p. 541):

> Sabe-se que o capitalismo teve seu embrião na atividade desenvolvida pelos mercadores na Idade Média, quando se iniciou e se desenvolveu apenas o "comércio seco": adquirir, revender, com o escopo de lucro. Eis a ideia central que explica a atividade de intermediação como uma sucessão de vários contratos de compra e venda. A atividade empresarial,

cotidianamente, desenvolve-se por meio de contratos de compra e venda entre empresários.

O fornecimento de insumos ou matéria-prima como objeto preponderante de determinado empreendimento demonstra-se imprescindível para o desenvolvimento do objeto social de outro empreendimento. Há uma interdependência entre as várias atividades, demonstrando-se imprescindível o negócio jurídico instrumentalizado por meio de uma compra e venda pontual, compras e vendas sucessivas e, regulares (fornecimento), inclusive diante da relevância das compras e vendas que ocorrem internacionalmente (importações e exportações).

A compra e venda se faz por consenso. Nesse processo o vendedor transfere o domínio da coisa (bem) ao comprador, o qual se obriga a efetivar o pagamento do preço. Vejamos o teor do art. 481 do Código Civil: "Pelo contrato de compra e venda, um dos contratantes se obriga a transferir o domínio de certa coisa, e o outro, a pagar-lhe certo preço em dinheiro" (Brasil, 2002).

Está regulada essencialmente pelo Código Civil, já que é um contrato que tanto se opera na esfera civil quanto no campo empresarial. O contrato será empresarial quando as partes forem empresárias ou sociedades empresariais e o objeto se destinar à atividade negocial.

Afirma Negrão (2018, p. 174): "A expressão 'compra e venda mercantil', consagrada a partir de sua regulamentação no Código Comercial, já não mais se justifica tendo em vista a adoção da Teoria da Empresa, assumindo o legislador brasileiro, no Livro II do Código Civil, a expressão "Direito de Empresa"".

No entanto, também nos filiamos à boa parte da doutrina empresarial, que prefere utilizar a expressão que qualifica o contrato como de *compra e venda mercantil*, pois trata de comércio, mercadores e mercadorias.

— 5.1.1 —
Requisitos

Como vimos, o contrato de compra e venda estudado é o mercantil, o qual, para sua caracterização, quando vigorava o Código Comercial, dependia de requisitos subjetivo (qualidade dos contratantes – empresário), objetivo (restringia a bens móveis ou semoventes) e finalístico (inserir o bem adquirido na cadeia de escoamento de mercadorias). Entretanto, para o Código Civil, o que caracteriza a compra e venda mercantil é a condição de empresário dos contratantes, ficando em decorrência dessa condição a qualidade do objeto (mercadoria) e a finalidade da operação (circulação de mercadorias) (Coelho, 2012c). Vejamos essas condições a seguir.

a. **Empresários como vendedor e comprador**

   A distinção das partes constantes do contrato o qualifica como compra e venda mercantil (entre empresários – art. 966 do Código Civil), diferenciando do contrato de compra e venda civil (entre partes iguais diversas dos empresários) e compra e venda ao consumidor (entre empresário e consumidor).

Havendo o consentimento dos contratantes, estes cumprem os demais requisitos necessários do contrato de compra e venda mercantil: objeto e preço, nos termos do art. 482: "A compra e venda, quando pura, considerar-se-á obrigatória e perfeita, desde que as partes acordarem no objeto e no preço" (Brasil, 2002).

b. **Objeto**

Entendemos que pode haver a venda de bens móveis, imóveis, corpóreos ou incorpóreos desde que passíveis de transferência. Aqui se incluem: venda de títulos e valores mobiliários, participações societárias, estabelecimento comercial, marcas, patentes etc.

Ainda, o Código Civil contempla algumas regras específicas sobre o objeto, de acordo com o art. 483 do Código Civil: "A compra e venda pode ter por objeto coisa atual ou futura. Neste caso, ficará sem efeito o contrato se esta não vier a existir, salvo se a intenção das partes era de concluir contrato aleatório" (Brasil, 2002)".

Então, a mercadoria (objeto do contrato de compra e venda) não necessariamente é uma coisa presente, que exista no momento da celebração do contrato. Como exemplo podemos citar a contrato de compra e venda de determinada safra ou um produto que está em projeto (venda de coisa esperada). Vale lembrar que, como consta no art. 483, se não ocorrer a existência da mercadoria (coisa futura), o contrato não produzirá efeito. Exceção ocorre quando o contrato for firmado como aleatório, envolvendo o risco de a coisa não vir a existir, pois os contratantes eram sabedores dos riscos e arcam com os prejuízos decorrentes (Ramos, 2017).

O objeto da compra e venda mercantil é necessariamente um ato de comércio de aquisição de mercadorias relacionado à atividade econômica organizada e exercida profissionalmente pelo empresário (Teixeira, 2016), realizado com o fim de transferência econômica, sob a ideia de obtenção de lucro.

c. **Preço**

O preço é a contraprestação do comprador para ter a transferência do domínio da coisa que integrava o patrimônio do vendedor. Para esse ajuste, deve ser valorado, e o preço fixado em dinheiro, para que não se confunda com troca ou permuta.

Acrescenta Martins (2018, p. 133) que "em princípio o preço dever ser equivalente ao valor da coisa vendida, porém pode, na prática, ser o preço superior ou inferior a esse valor, não invalidando tal fato o contrato, já que ele repousa não nessa equivalência, mas no acordo firmado pelas partes sobre a coisa e o preço".

É bom lembrar que, nas vendas à prestação de mercadorias de qualquer natureza, é obrigatória a declaração do preço da venda à vista, além do número e do valor das prestações mensais a serem pagas pelo comprador, conforme preceitua o art. 1º da Lei n. 6.463, de 9 de novembro de 1977 (Brasil, 1977).

Por conta do consentimento das partes na formação do contrato de compra e venda, este torna-se nulo "quando se deixa ao arbítrio exclusivo de uma das partes a fixação do preço" – como dispõe o art. 489 do Código Civil (Brasil, 2002).

Entretanto, o preço pode não estar determinado na formação do contrato, pois, diante liberdade contratual, os contratantes podem acordar que se estabeleça posteriormente, já que o preço será sempre determinável, seja por um árbitro (art. 485 do Código Civil), seja por critérios futuros objetivos de mercado, bolsa, índices, determinando lugar e data (art. 486 do Código Civil) ou, ainda, que se sujeite ao regramento legal a respeito da matéria (art. 487 do Código Civil). Mas se, eventualmente, não convencionarem o critério para determinação do preço nem existir um tabelamento oficial, aplica-se o disposto no art. 488 do Código Civil, que determina: "entende-se que as partes se sujeitaram ao preço corrente das vendas habituais do vendedor", em respeito à boa-fé e aos usos e costumes. O parágrafo único do mesmo dispositivo complementa, afirmando que "na falta de acordo, por ter havido diversidade de preço, prevalecerá o termo médio" (Brasil, 2002).

Ainda, o preço pode ser pago à vista (quando o dinheiro do comprador sai de sua propriedade e passa para a do vendedor na formalização do contrato) ou a prazo (em momento posterior ao contrato – no dia da contra entrega ou em data acordada entre as partes).

Como forma de fomentar a atividade econômica, "a extração da duplicata é facultativa, mas será o único título de crédito suscetível de ser sacado, com fundamento em contrato de compra e venda mercantil" (Requião, 2012, p. 362). Esse título de crédito possibilita ao empresário utilizar o preço recebido a prazo para ser transacionado, antecipadamente, como no desconto bancário e na faturização.

— 5.1.2 —
Modos de compra e venda peculiares ao direito empresarial

Nesta seção, vamos analisar alguns modos de compra e venda são peculiares ao direito empresarial: venda a contento, venda sobre documentos, venda condicional, reserva de domínio e fornecimento.

a. **Venda a contento**

A venda a contento ocorre com a aprovação do comprador relativamente às qualificações distintivas do objeto, que devem ser enviados antecipadamente para análise. Essas qualificações referem-se à medida, ao peso, à prova, às características técnicas, físico-químicas e degustativas, entre outras (Coelho, 2012c).

Pelas regras constantes dos arts. 509 a 512 do Código Civil, podemos depreender que: a venda feita a contento pelo comprador mostra-se realizada sob condição suspensiva, mesmo havendo a entrega do produto, aguardando a manifestação do adquirente pela aceitação, para que o contrato se torne perfeito; a condição suspensiva tem as qualidades asseguradas pelo vendedor e seja idônea para o fim que se destina; o comprador recebe a coisa comprada em comodato, enquanto não houver o aceite; e, não havendo prazo estipulado para a declaração de aceitação do comprador, o vendedor deverá intimar para que aquele o faça em prazo improrrogável. Dessa forma, a condição suspensiva aguarda o contento do comprador, e caso não ocorra, por desacordo com as qualificações distintivas do objeto, os bens deverão ser devolvidos.

b. **Venda sobre documentos**

É uma compra e venda em que não há, de forma objetiva, a entrega do bem por tradição, sendo efetivada a entrega de documento representativo, nos termos do art. 529 do Código Civil:

> Art. 529. Na venda sobre documentos, a tradição da coisa é substituída pela entrega do seu título representativo e dos outros documentos exigidos pelo contrato ou, no silêncio deste, pelos usos.
>
> Parágrafo único. Achando-se a documentação em ordem, não pode o comprador recusar o pagamento, a pretexto de defeito de qualidade ou do estado da coisa vendida, salvo se o defeito já houver sido comprovado. (Brasil, 2002)

Essa modalidade é utilizada em venda de safra agrícola, com a pactuação de preço em *commodity*. Por ser bem depositado, poderá ser extraído um título de crédito conhecido como *conhecimento de depósito* e o respectivo *warrant*, o qual instrumentaliza esse título representativo de valor, que pode circular em razão da tradição.

Assim, a entrega dos documentos, que têm uma função representativa, corresponde à entrega das mercadorias, exonerando o vendedor de realizar a efetiva tradição (Gomes, 2007).

c. **Venda condicional**

Na compra e venda condicional, a eficácia do contrato fica condicionada a uma cláusula expressa, suspensa até a ocorrência da condição, para, então, ocorrer a aquisição do direito. "Sendo suspensiva a condição, a propriedade da coisa só se transmite ao comprador, ao se verificar. Sendo resolutiva, o vendedor readquire a propriedade da coisa e fica obrigado a restituir o preço ao comprador, por ocasião do implemento da condição" (Gomes, 2007, p. 283).

A condição suspensiva precisa ser expressa e restringirá a eficácia do contrato. Assim, enquanto ela não ocorrer, não haverá a aquisição do direito de compra. De outra forma, a condição resolutiva implicará a perda de efeitos do contrato (extinção do contrato) se ocorrer o evento futuro. Essa venda é utilizada em contratos de opção de compra de ações.

d. Reserva de domínio

No contrato de compra e venda com reserva de domínio, há a venda, mas o comprador fica somente com a posse, mantendo o domínio com o vendedor até a quitação integral do preço, nos termos do art. 521 do Código Civil.

Essa venda é bastante utilizada em compra e venda parcelada, principalmente de bens duráveis, ou seja, coisa móvel infungível, que poderá ser objeto da alienação. Essa condição de ser suscetível de caracterização perfeita distinguirá de outra congênere.

Sendo caracterizado o bem vendido, o contrato deverá ser levado a registro no cartório de títulos e documentos, como forma de garantir a validade do ato contra terceiros (art. 522 do Código Civil). Especificamente, há regra de registro, como se verifica do art. 129, parágrafo 5º, da Lei n. 6.015, de 31 de dezembro de 1973:

> Art. 129. Estão sujeitos a registro, no Registro de Títulos e Documentos, para surtir efeitos em relação a terceiros:
>
> [...]
>
> 5º) os contratos de compra e venda em prestações, com reserva de domínio ou não, qualquer que seja a forma de que se revistam, os de alienação ou de promessas de venda referentes a bens móveis e os de alienação fiduciária; (Brasil, 1973)

Como há a reserva de domínio, a tradição é obstada em sua integralidade, aguardando a quitação integral do preço, mas, como há posse por parte do comprador, este responde pelos riscos da coisa, a partir do momento em que a recebeu.

Eventual inadimplemento do comprador trará a possibilidade de o vendedor executar a cláusula de reserva de domínio, mas esta deverá ser precedida da competente constituição em mora, ou seja, protesto ou interpelação judicial (art. 525 do Código Civil).

Verificada a mora, pode o vendedor, credor do contrato, requerer o pagamento de todas as parcelas vencidas e vincendas, ou optar pela retomada da posse do bem (art. 526 do Código Civil), independentemente de ação visando à rescisão do contrato, como já decidido no Recurso Especial n. 1.056.837/RN do Superior Tribunal de Justiça (STJ):

> RECURSO ESPECIAL – AÇÃO DE MANUTENÇÃO DE POSSE INTENTADA PELO VENDEDOR DECORRENTE DE INADIMPLEMENTO DE CONTRATO DE COMPRA E VENDA COM CLÁUSULA ESPECIAL DE RESERVA DE DOMÍNIO [...]
>
> Hipótese: A controvérsia diz respeito à necessidade ou não de prévia rescisão do contrato de compra e venda com reserva de domínio a fim de viabilizar a manutenção/recuperação da posse do bem vendido, ante o inadimplemento do comprador.
>
> 1. A cláusula de reserva de domínio ou *pactum reservati dominii* é uma disposição inserida nos contratos de compra e venda que permite ao vendedor conservar para si a propriedade e a posse indireta da coisa alienada até o pagamento integral do preço pelo comprador, o qual terá apenas a posse direta do bem, enquanto não solvida a obrigação.

Nascido na prática mercantil, o pacto com reserva de domínio é hoje um instituto difundido no mundo dos negócios e foi sistematizado no ordenamento jurídico a partir do advento do Código Civil de 2002 (arts. 521-528), porém já contava com tratamento esparso antes mesmo do citado diploma legal.

[...]

3. Desnecessário o ajuizamento preliminar de demanda rescisória do contrato de compra e venda, com reserva de domínio, para a obtenção da retomada do bem. Isso porque não se trata, aqui, da análise do *ius possessionis* (direito de posse decorrente do simples fato da posse), mas sim do *ius possidendi*, ou seja, do direito à posse decorrente do inadimplemento contratual, onde a discussão acerca da titularidade da coisa é inviabilizada, haja vista se tratar de contrato de compra e venda com reserva de domínio onde a transferência da propriedade só se perfectibiliza com o pagamento integral do preço, o que não ocorreu em razão da inadimplência do devedor.

Cabia ao vendedor/credor optar por qualquer das vias processuais para haver aquilo que lhe é de direito, inclusive mediante a recuperação da coisa vendida (ação de manutenção de posse), sem que fosse necessário o ingresso preliminar com demanda visando rescindir o contrato, uma vez que a finalidade da ação é desconstituir a venda e reintegrar o vendedor na posse do bem que não chegou a sair do seu patrimônio, dando efetivo cumprimento à cláusula especial de reserva de domínio. [...]
(Brasil, 2015c)

Além dessa facilitação, em caso de descumprimento contratual, qual seja, inadimplência do comprador, há uma proteção ao vendedor, pois, sendo a propriedade condicionada ao efetivo e integral pagamento, eventual falência do comprador não alcançará o bem objeto da venda com reserva de domínio, e os créditos não se submeterão aos efeitos da recuperação judicial, conforme estabelece o art. 49, parágrafo 3º, da Lei n. 11.101, de 9 de fevereiro de 2005 (Brasil, 2005).

e. **Fornecimento**

O contrato de fornecimento é um contrato de compra e venda complexo, de trato sucessivo e duradouro, o qual abastece a cadeia produtiva do empresário comprador. É bastante utilizado para a aquisição de insumos, pois se propõe a fazer a ligação entre aquele que vai industrializar ou transformar o produto e o fornecedor da matéria-prima.

Afirma Martins (2018, p. 134):

> Entende-se por contrato de fornecimento aquele em que as duas partes acordam no fornecimento, pelo vendedor, de certas mercadorias, para ser entregue em prazo determinado ou não, por um preço que pode ser fixado antecipadamente para todas as entregas parciais ou ajustado em cada uma dessas entregas.

Essa estabilidade negocial mostra-se mais crucial quando se verifica a necessidade de regular implemento dos insumos na cadeia produtiva da empresa. Com bastante propriedade, afirma Coelho (2012c, p. 106):

A função do contrato de fornecimento é estabilizar determinados aspectos da relação negocial, poupando as partes de renegociações periódicas sobre eles e possibilitando o cálculo empresarial relativamente ao suprimento de insumos (para o comprador) ou garantia de demanda (para o vendedor). Não há nenhuma condição negocial da compra e venda que se encontre forçosamente em todo fornecimento; ao contrário, as condições negociais estabilizadas variam de contrato para contrato porque dependem apenas dos interesses convergentes dos contratantes. Assim, o fornecimento pode ser celebrado por prazo determinado ou indeterminado, com ou sem exclusividade, definindo ou não preço, procedimentos, periodicidade, quantidade e demais condições.

A importância do contrato de compra e venda na forma de fornecimento reside na estabilização da relação entre as empresas, pois tem a justa expectativa de cumprimento manutenção do contrato, e esta é passível de proteção aos danos causados, como se verifica no Agravo Interno no Agravo em Recurso Especial n. 716.072/PR do STJ:

> AÇÃO DE REPARAÇÃO DE DANOS. RESILIÇÃO UNILATERAL DO CONTRATO DE FORNECIMENTO DE MERCADORIAS. 1. LUCROS CESSANTES. RECORRENTE QUE DEU CAUSA À RESILIÇÃO. [...]
>
> 2. O Tribunal de Justiça, soberano na análise do acervo fático-probatório dos autos, concluiu que houve a interrupção do contrato sem a devida comunicação à recorrida. Assim, analisar a tese da agravante quanto à necessidade ou não da

concessão de aviso prévio em contrato por prazo indeterminado, no caso, não é possível.

Isso porque, o Tribunal local com base nas provas dos autos e cláusulas contratuais concluiu que a comunicação era necessária, pois a agravada sofreu prejuízos em virtude da paralisação e interrupção do contrato de forma abrupta. [...] (Brasil, 2015b)

Ressaltamos, aqui, que o contrato de compra e venda na modalidade de fornecimento não estabelece outro vínculo jurídico ou empresarial diverso da compra e venda, pois não se está buscando formação de um mercado para o produto contratado, diferenciando-se de outros contratos típicos, como a distribuição, mas apenas a adequação das condições regulares de insumos.

— 5.1.3 —
Mercado de capitais

Algumas operações realizadas no mercado de valores mobiliários e de capitais baseiam-se em um contrato de compra e venda, que, como já vimos, pode ser o objeto desse contrato.

As negociações ocorrem na Comissão de Valores Mobiliários, tendo como agentes corretores, bancos e distribuidoras de títulos (Diniz, 2019, [s.p.]). Vejamos, a seguir, algumas modalidades:

- **Mercado à vista** – Ocorre quando a operação em bolsa de valores e mercadorias é à vista, ou seja, o título é oferecido e liquidado à vista ou logo após a devida aceitação da proposta.
- **Mercado a termo** – A compra e venda dos ativos será liquidada em data futura. As partes pactuam o preço e o prazo, e há aplicação de juros pelo prazo do contrato. Esse contrato é uma forma de o comprador buscar uma garantia de cotação na compra.
- **Mercado futuro** – A compra e venda não tem um preço previamente pactuado, ficando adstrita às regras do mercado, como ocorre com as *commodity*.
- **Mercado de opções** – É uma forma de proteção do vendedor, que vende a opção de compra futura e, assim, pode garantir uma segurança quanto ao valor, e o comprador capitaliza a diferença da variação de mercado.

— 5.1.4 —
Compra e venda com regulação internacional

A compra e venda pode ocorrer no mercado internacional. Em razão dessa possibilidade, algumas situações foram reguladas como forma de regular o exercício da compra e venda. Vejamos, a seguir, a *International Commercial Terms* (Incoterms) e a *Convention on Contracts for the International Sale of Goods* (Cisg).

a. **Incoterms**

Como forma de facilitar a administração de conflitos em matéria de comércio internacional, a Câmara de Comércio Internacional (CCI) criou, em 1936, as Incoterms (*International Commercial Terms*), que representam, de forma abreviada, os usos frequentes das cláusulas de custos da entrega da mercadoria adotadas no mercado internacional (Negrão, 2018). Os termos referiam-se a costumes comerciais sobre compra e venda mercantil entre contratantes de países diversos, mas, como forma de melhor regular as práticas comerciais internacionais, foi publicada a Resolução n. 21, da Câmara de Comércio Exterior, de 7 de abril de 2011, a qual foi atualizada pela Resolução n. 16, da Câmara de Comércio Exterior, de 2 de março de 2020.

Fazzio Junior (2016, p. 437) lista alguns desses termos presentes na Incoterms:

> EXW (Ex Works) (retirada na origem): o vendedor assume a obrigação de obter e colocar a mercadoria à disposição do comprador, cientificando-o para recebê-la. O comprador deve retirá-la no prazo contratual, respondendo por ela e por sua documentação, a partir do recebimento;
>
> FAS (Free Alongside Ship) (entregue no costado do navio): significa que o vendedor entrega a mercadoria no costado do navio, no porto de embarque indicado pelo comprador, com o respectivo conhecimento de embarque. Este deve pagar o preço pactuado e assumir todas as despesas em seguida;

FOB (Free On Board) (posto a bordo): significa que o vendedor entrega a mercadoria e respectiva documentação a bordo do navio contratado pelo comprador, no porto de embarque. O frete, o seguro da mercadoria e quaisquer outras despesas ocorridas depois da entrega da mercadoria a bordo do navio no porto de embarque correm por conta do comprador;

FCA (Free Carrier) (transporte livre de despesas): o transporte da mercadoria e todas as despesas de liberação e exportação são pagos pelo vendedor até o ponto de embarque convencionado pelos contratantes. A partir daí tudo corre por conta do comprador;

C&F (Cost and Freight) (custo e frete): significa que o vendedor entrega a mercadoria a bordo do navio no porto de embarque e paga o frete ou despesas de transporte, até o cais no porto do destino. O seguro da mercadoria e quaisquer outras despesas, ocorridas depois da entrega da mercadoria a bordo do navio no porto de embarque, excetuando o frete até o cais no porto do destino, correm por conta do comprador;

CIF (Cost, Insurance and Freight) (custo, seguro e frete): o vendedor entrega a mercadoria a bordo do navio no porto de embarque, paga o frete ou despesas de transporte e seguro até o cais no porto do destino. Quaisquer outras despesas, ocorridas depois da entrega da mercadoria a bordo do navio no porto de embarque, excetuando o frete e o seguro até o cais no porto do destino, correm por conta do comprador;

CIP (Carriage and Insurance Paid to) (frete e seguro pagos): por conta do vendedor, correm as despesas com frete e seguro até o ponto de entrega em lugar combinado entre os contratantes.

Esses padrões das cláusulas aplicadas aos contratos de compra e venda internacional já foram devidamente aplicados pelos nossos tribunais, como na Apelação n. 1.357.396-1 do Tribunal de Justiça do Estado do Paraná:

> AÇÃO DE COBRANÇA. FRETE. TRANSPORTE MARÍTIMO INTERNACIONAL. SENTENÇA QUE JULGOU IMPROCEDENTES OS PEDIDOS INICIAIS (ART. 269, I DO CPC).1. RESPONSABILIDADE PELO PAGAMENTO DO FRETE. DIREITO INTERNACIONAL. INCOTERMS. CLÁUSULA "FOB-FREE ON BOARD" ALIADA À CONTRATAÇÃO DE FRETE NA MODALIDADE "COLLECT". PAGAMENTO QUE INCUMBE AO IMPORTADOR/COMPRADOR. SENTENÇA MANTIDA. 2. ÔNUS SUCUMBENCIAIS MANTIDOS. RECURSO CONHECIDO E DESPROVIDO. (Paraná, 2015)

Portanto, a utilização desses termos comuns nas negociações internacionais são ferramentas que dinamizam o comércio transfronteiriço, com a agilidade e a segurança necessárias ao direito empresarial.

b. **Cisg**

A não territorialidade é um elemento que caracteriza de forma contundente o contrato de compra e venda. Isso porque, em razão da natureza da atividade empresarial, a internacionalização, além de natural, é desejável, pois não raramente os negócios ultrapassam os limites territoriais do Estado.

Nesses casos, é possível que tenham de se submeter, inclusive, à aplicação de leis ou normas estrangeiras.

A Cisg (*Convention on Contracts for the International Sale of Goods*) é uma convenção internacional, da qual o Brasil é signatário, que aplica regras comuns a contratos de compra e venda de mercadorias (foi incorporada ao nosso ordenamento jurídico pelo Decreto n. 8.327/2014).

Com previsões de um padrão equitativo e uniforme no âmbito dos contratos de venda de mercadorias, a Cisg desenvolveu um moderno padrão transnacional junto a seus signatários. Assim, buscou retirar uma das maiores dificuldades que se apresentava nas relações comerciais, qual seja, não ter legislações específicas aplicáveis quanto se necessita de uma previsibilidade do trato mercantilista para as relações de compra e venda.

Essa falta de uniformidade gerava elevados custos para dirimir as questões relacionadas ao cumprimento do contrato de compra e venda de mercadorias, e a convenção trouxe um regime jurídico comum, dando a necessária previsibilidade, natural dos negócios comerciais, reduzindo tais custos por meio da padronização.

Dessa feita, houve uma uniformização de aplicação de seus termos, principalmente considerando a boa-fé e os costumes como parâmetro.

Como já escrevemos (Wenceslau, 2018, p. 67):

O fim tão aspirado pelo Diploma Internacional: a segurança jurídica – almejada no tratamento aos contratos internacionais, traz de forma expressa a interpretação da própria convenção no Artigo 7: "Na interpretação desta Convenção ter-se-ão em conta seu caráter internacional e a necessidade de promover a uniformidade de sua aplicação, bem como de assegurar o respeito à boa fé no comércio internacional".

E, como se retira do próprio texto, utiliza-se para a regulação de contratos internacionais de compra e venda de mercadorias a uniformização do tratamento, pois as dificuldades encontradas estão sob o olhar do Direito Internacional Privado, tão carente de linearidade legislativa. Assim, as regras jurídicas seriam aplicadas, no âmbito privado, sem que houvesse a sujeição de um contratante ao direito nacional de outro contratante, de outra nacionalidade, o que gera insegurança, e claramente aumentando os já citados custos.

A própria formatação de aplicações e conceitos típicos versados sobre o consignado no texto da Convenção das Nações Unidas sobre Contratos de Compra e Venda Internacional de Mercadorias, não nascera de forma somente pactuada (em meras tratativas), mas pela utilização e resolução das questões no Direito Privado Internacional, principalmente no uso dos costumes.

A Convenção das Nações Unidas sobre Contratos de Compra e Venda Internacional de Mercadorias decidiu quebrar as barreiras culturais, pois não privilegiou nenhum sistema jurídico, nem interesses particulares de países sejam de um continente ou de outro, sejam desenvolvidos ou em desenvolvimento.

Os aplicadores do Direito de qualquer país passaram pela necessidade se adaptar às disposições da Convenção, que têm um sentido próprio e reclamam uma interpretação autônoma, distinta daquelas que os direitos nacionais conferem a institutos assemelhados, uniformizando entendimentos, trazendo aos negócios de compra e venda de mercadorias a segurança jurídica necessária, mesmo que expressamente valorize a primazia dos usos e costumes (artigos 9º, 1 e 2).

A Convenção das Nações Unidas sobre Contratos de Compra e Venda Internacional de Mercadorias, como já consignado, dedica-se a vinculação dos usos a que as partes consentirem e hábitos que estabelecerem entre si. Assim, estabeleceu a presunção de conhecimento dos costumes comuns estabelecidos no comércio internacional, os quais os atores conhecem ou deveriam conhecer.

Verificamos que referida Convenção, em seu artigo 7º, prevê autonomia de aplicação de seus preceitos, independentemente dos direitos internos dos países signatários, para, assim, promover uma uniformidade de aplicação como baliza de interpretação. E, mais, o parâmetro de boa-fé no comércio internacional pauta-se na intenção das partes em situações razoáveis (artigo 8º).

Nesse contexto, constatamos que uma das finalidades da Cisg é promover a boa prática do comércio internacional por meio da difusão do conhecimento de regras jurídicas comuns aos Estados.

— 5.2 —
Locação não residencial

Por meio do contrato de locação, o locador se obriga a ceder ao locatário o uso e o gozo de coisa não fungível, por determinado tempo, em troca do pagamento de retribuição em dinheiro (Gomes, 2007).

Ainda que haja regramento no Código Civil quanto à locação, para nosso estudo, utilizaremos a Lei n. 8.245, de 18 de outubro de 1991, também conhecida como *Lei do Inquilinato*, ou *Lei de Locações* (Brasil, 1991). Referida legislação traz o regramento tanto da locação residencial quanto da locação não residencial.

Trataremos, inicialmente, de algumas disposições gerais, mas daremos ênfase ao contrato com viés empresarial, ou seja, à locação não residencial.

— 5.2.1 —
Requisitos

Alguns requisitos são essenciais para a elaboração desse tipo de contrato, tais como: o objeto deve ser coisa não fungível; o prazo pode ser determinado ou indeterminado; e deve haver a estipulação do aluguel. Vejamos cada um deles a seguir.

a. **Coisa não fungível – imóvel**

   O objeto do contrato é um imóvel, não podendo ser substituído por outro de igual qualidade e espécie, que deve servir para o uso a que se destina, aperfeiçoando-se pela tradição.

Aqui, lembremos que a tradição, inicialmente, é ficta, pois é representada pela entrega das chaves, que ocorre normalmente após a assinatura do contrato.

E não basta a entrega do imóvel, uma vez que, para servir o fim a que se destina, no caso de locação não residencial (locação comercial ou industrial), as atividades empresariais precisam ser possíveis de ser operadas no imóvel locado.

Cabe lembrar que, em se tratando contrato locação vinculado à atividade empresarial, é salutar averbar o contrato de locação junto ao Registro de Imóveis e, assim, cumprir com o requisito do art. 8º da Lei n. 8.245/1991:

> Art. 8º Se o imóvel for alienado durante a locação, o adquirente poderá denunciar o contrato, com o prazo de noventa dias para a desocupação, salvo se a locação for por tempo determinado e o contrato contiver cláusula de vigência em caso de alienação e estiver averbado junto à matrícula do imóvel. (Brasil, 1991)

Esse importante cuidado evita que eventual venda do imóvel inviabilize a atividade empresarial e todo o investimento aportado no imóvel, em decorrência do prazo ainda restante do contrato de locação.

b. **Prazo – determinado ou indeterminado**

Como observamos, ao ceder o uso de imóvel – pois não se trata de uma transferência de propriedade –, o locador o faz com a definição do tempo em que o locatário usufruirá do imóvel. Estamos, então, diante do tempo (prazo) determinado ou não no contrato.

Sendo determinado, as partes, em comum acordo, definem um prazo para o encerramento do contrato. Estabelecem o marco temporal. Em virtude dessa expectativa de cumprimento do prazo, o locador não pode reaver o imóvel antes do decurso do prazo, e o locatário, se o fizer, será obrigado ao pagamento de multa (art. 4º da Lei n. 8.245/1991). Entretanto, há regra específica quanto ao término do prazo contratual e a manutenção da permanência do locatário no imóvel, o qual se prorroga, porém por prazo indeterminado, como dispõe o art. 56 da Lei n. 8.245/1991:

> Art. 56. Nos demais casos de locação não residencial, o contrato por prazo determinado cessa, de pleno direito, findo o prazo estipulado, independentemente de notificação ou aviso.
>
> Parágrafo único. Findo o prazo estipulado, se o locatário permanecer no imóvel por mais de trinta dias sem oposição do locador, presumir-se-á prorrogada a locação nas condições ajustadas, mas sem prazo determinado. (Brasil, 1991)

Já no prazo indeterminado, há prazo, mas este não se estabelece com marco temporal, chegando ao fim por interesse das partes, por meio de denúncia (aviso escrito): "Art. 57. O contrato de locação por prazo indeterminado pode ser denunciado por escrito, pelo locador, concedidos ao locatário trinta dias para a desocupação" (Brasil, 1991).

Aqui temos regras que você não pode deixar de analisar, pois serão importantes quando tratarmos da ação renovatória de locação, importante benefício legal para a manutenção do estabelecimento empresarial.

c. **Aluguel – retribuição**

Por ser um contrato oneroso, há obrigatoriedade do pagamento do aluguel pelo uso do imóvel. Essa onerosidade do contrato de locação o diferencia do comodato, que é o empréstimo de coisa não fungível, o qual não se regula pela Lei de Locações e, por conseguinte, não é aplicada a demanda de despejo para retomada do imóvel, mas sim a reintegração de posse.

Em clara disposição de vontade e livre iniciativa das partes, o valor da locação é regido pelas regras de mercado, valendo o que for convencionado pelas partes, sendo apenas vedada, pelo art. 17 da Lei n. 8.245/1991, "sua estipulação em moeda estrangeira e a sua vinculação à variação cambial ou ao salário mínimo" (Brasil, 1991).

Quanto à sublocação, esta não pode exceder o valor da locação (art. 21 da Lei n. 8.245/1991), sob pena de infração penal. Essa é uma situação que pode ser enfrentada no direito empresarial quando há locação de um imóvel, como, por exemplo, um posto de gasolina, e sublocam-se as lojas existentes no imóvel para farmácia, padaria, loja de conveniências etc.

Entretanto, há um aspecto que pode ser levantado, pois há uma novidade legislativa: quando se tratar de contrato de franquia, o art. 3º, parágrafo único, da Lei 13.966, de 26 de dezembro de 2019 (Lei de Franquias), assim estabelece:

> Art. 3º [...]
>
> Parágrafo único. O valor do aluguel a ser pago pelo franqueado ao franqueador, nas sublocações de que trata o caput, poderá ser superior ao valor que o franqueador paga ao proprietário do imóvel na locação originária do ponto comercial, desde que:
>
> II – o valor pago a maior ao franqueador na sublocação não implique excessiva onerosidade ao franqueado, garantida a manutenção do equilíbrio econômico-financeiro da sublocação na vigência do contrato de franquia. (Brasil, 2019b)

Há claro confronto entre a Lei de Locações e a Lei de Franquias, o que deverá ser decidido pelos tribunais, pois a locação não residencial também tem aplicabilidade nas franquias, que são um contrato empresarial. Pela especialização da legislação de franquias, bem como em razão do interesse econômico envolvido, visto que o contrato de sublocação é envolvido por outros contratos, deve prevalecer essa nova regra.

Poderão os contratantes ajustar cláusulas que possam prever o reajuste monetário do aluguel, bem como revisões periódicas. Também recomendamos que sejam efetivados em parâmetros específicos, para evitar dúvidas futuras e discussões judiciais.

E, finalmente, pode ser pactuado o valor da locação com base no faturamento do locatário, em clara situação de contrato empresarial de locação, como é o caso de *shopping center*, que veremos em tópico específico.

— 5.2.2 —
Cláusulas específicas

Há algumas cláusulas específicas dos contratos de locação não residencial, quais sejam: sublocação; preferência; continuidade em caso de venda; benfeitorias e garantias. Vejamos o teor de cada uma delas a seguir.

a. Sublocação

No contrato de locação pode ser incluída cláusula que autorize a sublocação, a cessão da locação ou o empréstimo, total ou parcial, do imóvel.

Nesse sentido, a Lei de Locações expressamente apresenta uma obrigação negativa (Souza, 2012), proibindo que seja gratuita a cessão, o empréstimo ou a sublocação, o que, se autorizado, deverá ser por "consentimento prévio e escrito do locador", nos termos do art. 13 da mesma lei.

Para o direito empresarial, torna-se importante incluir essa cláusula para que se evite de o empresário locatário ser impedido de efetivar a utilização do imóvel de forma mais plena, como sublocar parte do imóvel ou ceder para outra empresa do mesmo grupo econômico.

Além disso, como já afirmamos anteriormente, se o imóvel estiver locado para a sociedade empresária e houver uma mudança em seu controle social, ou participação acionária, em princípio, não se verifica qualquer impedimento, visto que a pessoa jurídica não se confunde com as pessoas físicas que compõem seu quadro social.

Já tratamos sobre o valor da locação, mas reiteramos que "o aluguel da sublocação não poderá ter caráter especulativo" (Scavone Junior, 2015, p. 1.160).

b. Preferência

Como já afirmamos, o contrato de locação não transfere a propriedade, somente a posse, não havendo impedimento de o locador, que detém a propriedade e sua disponibilidade, mesmo com o contrato vigente, deseje vender o imóvel locado. O art. 27 da Lei de Locações afirma que o "locatário tem preferência para adquirir o imóvel locado, em igualdade de condições com terceiros, devendo o locador dar-lhe conhecimento do negócio mediante notificação judicial, extrajudicial ou outro meio de ciência inequívoca" (Brasil, 1991).

Sabedor de todas as condições da proposta de venda, o locatário deverá se manifestar em 30 dias, sendo esse prazo decadencial. Caso não se manifeste de maneira inequívoca, aceitando integralmente a proposta, perde o direito de preferência (art. 28 da Lei n. 8.245/1991).

Essa igualdade de condições com terceiros, para a compra do imóvel dado em locação, pode ser omitida pelo locador, que deixa de cumprir com o envio da notificação. Ocorrendo tal situação, o locatário preterido em seu direito de preferência pode haver para si o imóvel, desde que pague o valor da venda e as despesas de transferência, no prazo decadencial de seis meses, a contar do registro da venda no Registro de Imóveis e desde que o contrato esteja averbado na matrícula do imóvel (art. 33 da Lei n. 8.245/1991).

c. **Continuidade em caso de venda**

Novamente aqui está presente a importância do empresário diligente em efetivar a competente averbação do contrato de locação junto à matrícula do imóvel no Registro de Imóveis, o que lhe proporcionará a segurança futura.

Primeiramente, poderá o locatário requerer a compra em preferência com terceiros e, caso ocorra a venda, esta será protegida pelo prazo do contrato.

Diligentemente, você, como um bom advogado, fornecerá para seu cliente uma proteção no contrato de locação contra eventual risco à atividade empresarial do locatário ao incluir uma cláusula de vigência do contrato em caso de venda do imóvel, bem como levar o contrato de locação ao Registro de Imóveis.

Assim procedendo, cumpre com os requisitos do art. 8º da Lei de Locações: "Se o imóvel for alienado durante a locação, o adquirente poderá denunciar o contrato, com o prazo de noventa dias para a desocupação, salvo se a locação for por tempo determinado e o contrato contiver cláusula de vigência em caso de alienação e estiver averbado junto à matrícula do imóvel" (Brasil, 1991).

Esse é o entendimento do STJ, conforme verificamos no Recurso Especial n. 1.669.612/RJ:

> 2. A controvérsia gira em torno de definir se o contrato de locação com cláusula de vigência em caso de alienação precisa estar averbado na matrícula do imóvel para ter validade ou se é suficiente o conhecimento do adquirente acerca da cláusula para proteger o locatário.
>
> 3. A lei de locações exige, para que a alienação do imóvel não interrompa a locação, que o contrato seja por prazo determinado, haja cláusula de vigência e que o ajuste esteja averbado na matrícula do imóvel.
>
> 4. Na hipótese dos autos, não há como opor a cláusula de vigência à adquirente do shopping center. Apesar de no contrato de compra e venda haver cláusula dispondo que a adquirente se sub-rogaria nas obrigações do locador nos inúmeros contratos de locação, não há referência à existência de cláusula de vigência, muito mesmo ao fato de que o comprador respeitaria a locação até o termo final.
>
> 5. Ausente o registro, não é possível impor restrição ao direito de propriedade, afastando disposição expressa de lei, quando o adquirente não se obrigou a respeitar a cláusula de vigência da locação. [...] (Brasil, 2018d)

Então, não esqueça! Há necessidade do cumprimento dos dois requisitos para a manutenção integral da continuidade do contrato por prazo determinado até o final: (1) cláusula de vigência em caso de venda o imóvel locado e (2) registro junto à matrícula do imóvel.

d. Benfeitorias

Benfeitorias são obras ou despesas que se fazem no imóvel locado "a fim de conservá-lo, melhorá-lo ou embelezá-lo" (Souza, 2012, p. 156). Podem ser: (a) benfeitorias necessárias, quando têm por finalidade conservar o imóvel ou evitar que ele venha a perecer; (b) benfeitorias úteis, quando têm por finalidade aumentar o aproveitamento do imóvel, ou sua capacidade econômica; e (c) benfeitorias voluptuárias, quanto têm por finalidade apenas cria conforto ou luxo.

Os arts. 35 e 36 da Lei de Locações apresentam as regras quanto às benfeitorias:

> Art. 35. Salvo expressa disposição contratual em contrário, as benfeitorias necessárias introduzidas pelo locatário, ainda que não autorizadas pelo locador, bem como as úteis, desde que autorizadas, serão indenizáveis e permitem o exercício do direito de retenção.
>
> Art. 36. As benfeitorias voluptuárias não serão indenizáveis, podendo ser levantadas pelo locatário, finda a locação, desde que sua retirada não afete a estrutura e a substância do imóvel. (Brasil, 1991)

Para a devida utilização do imóvel, o empresário aplica recursos e, normalmente, inclui benfeitorias de forma a melhor adequar seu estabelecimento empresarial. Não podemos confundir benfeitorias com maquinário e equipamentos, que pertencem ao locatário e que não aderem ao imóvel, mas que devem restaurar o imóvel do modo inicial, como prevê o art. 36 da Lei de Locações.

Incorporando benfeitorias ao imóvel, este ganha valor e, assim ocorrendo, poderá ser passível de reavaliação em ação revisional para eventual readequação do valor da locação, como já decidiu o Superior Tribunal de Justiça no Recurso Especial n. 201.563/RJ:

> CIVIL. LOCAÇÃO COMERCIAL. AÇÃO REVISIONAL. NOVO ALUGUEL. INCLUSÃO DAS BENFEITORIAS.
>
> – Em sede de ação revisional de locação comercial, o novo aluguel deve refletir o valor patrimonial do imóvel locado, inclusive decorrente de benfeitorias nele realizadas pelo locatário, pois estas incorporam-se ao domínio do locador, proprietário do bem.
>
> [...] (Brasil, 2001)

Diligentemente, antevendo a utilização do imóvel, cabe adequar a cláusula contratual quanto às benfeitorias para que se protejam as benfeitorias úteis, pois elas vão aderir ao imóvel, bem como para acrescentar um melhor aproveitamento e, por conseguinte, dar-lhe melhor capacidade econômica.

e. **Garantias**

Sendo o contrato de locação um contrato de trato sucessivo, pressupõe um risco em razão do tempo decorrido. A garantia do locatário ao pagamento do aluguel é uma forma de trazer segurança ao locador, ampliando o leque de recebimentos. O art. 37 da Lei de Locações indica as seguintes modalidades de garantia: "I – caução; II – fiança; III – seguro de fiança locatícia; e IV – cessão fiduciária de quotas de fundo de investimento" (Brasil, 1991). E, da mesma forma, impede que se utilizem mais de uma modalidade ao mesmo tempo, por exceder o direito do locador.

O empresário, ao formalizar o contrato de locação do imóvel em que funcionará o estabelecimento empresarial, pode utilizar a modalidade de fiança. Se o fiador for casado, deverá ser acompanhada da outorga uxória, ou seja, da assinatura também da esposa.

Após a última atualização da legislação de locações, foram eliminadas as dúvidas ainda existentes nos tribunais quanto ao limite da garantia locatícia, firmando-se agora que: "se estende até a efetiva devolução do imóvel, ainda que prorrogada a locação por prazo indeterminado, por força desta Lei" – art. 39 da Lei n. 8.245/1991 (Brasil, 1991).

— 5.2.3 —
Locações especiais

Como estratégia comercial, o empresário precisa de imóvel condizente com sua atividade e adequado ao seu estabelecimento empresarial. Diante dessa necessidade, o mercado fomentou duas formas peculiares para suprir as demandas empresariais: a locação em *shopping center* e a locação *built to suit*. Vejamos.

a. **Locação em *shopping center***

De grande difusão na área comercial, o *shopping center* é um centro de compra, caracterizando-se por ser uma atividade empresarial em que o proprietário do empreendimento efetiva o

> planejamento de distribuição do espaço (o *tenant mix*), de sorte a oferecer aos consumidores uma variada gama de produtos, marcas, além de atrativos na área de lazer e restauração. Ao locar uma loja, o empreendedor não pode perder de vista o complexo em sua inteireza, devendo atentar à necessária combinação da diversidade de ofertas, fator inerente ao sucesso do empreendimento. (Coelho, 2012b, p. 199)

Para o competente funcionamento, são efetivados diversos contratos de locação com empresários dispostos a usufruir dos benefícios advindos do empreendimento como um todo. Por não ser uma simples locação e por ocorrer o fornecimento de um serviço administrativo, a Lei de Locações, em seu art. 54, prevê que "prevalecerão as condições livremente pactuadas nos contratos de locação" (Brasil, 1991), pois claramente se trata de contrato interempresarial, que pressupõe autonomia da vontade e a liberdade de contratar em situação de igualdade. Em que pese a livre disposição de cláusulas, estas devem respeitar as normas de ordem pública, os bons costumes, a função social do contrato e a boa-fé (Teixeira, 2016).

Comumente, há cláusulas que preveem um sistema dúplice de cobrança, ou seja, o aluguel fixo e um percentual sobre a receita mensal; o pagamento de aluguel em dobro no mês de dezembro; a obrigatoriedade de participar de um fundo comum para propaganda e promoções; o regramento quanto ao horário de abertura e fechamento do estabelecimento comercial, imposto pelo locador; e a não modificação do ramo de atuação (Souza, 2012).

Contudo, a própria Lei de Locações, no art. 54, parágrafos 1º e 2º, protege o locatário contra eventual abusividade ao impedir a cobrança de reformas ou acréscimos à estrutura do imóvel, de indenizações aos funcionários do *shopping center*, bem como de custas referentes ao paisagismo e a modificações de projeto original.

Ainda, há possibilidade de ajuizamento da ação renovatória para que possa o empresário locatário renovar o contrato de locação, ainda que dentro do empreendimento (art. 52, § 2º, da Lei n. 8.245/1991).

b. **Locação *built to suit***

Essa nova modalidade contrato de locação decorre de negócio jurídico em que o locatário contrata, junto ao locador, a construção de imóvel em condições que supram suas necessidades de utilização, normalmente segundo as diretrizes do usuário.

Entendemos que, para caracterizar esse modelo de locação, será necessária a previsão do imóvel objeto da locação e o investimento relevante aplicado para a construção ou reforma. Em virtude do investimento do empreendimento, o contrato de locação se faz, normalmente, por longo prazo e por prazo determinado, conforme o disposto no art. 54-A da Lei de Locações.

Como ocorreu com o *shopping center*, prevalecem as condições livremente pactuadas no contrato de locação, pois é um interesse comum do locador, o qual visa, além da cessão de uso do imóvel, também ao ressarcimento do investimento na obra, e o locatário pagará a remuneração dos alugueis em um imóvel adequado suas reais necessidades.

No contrato *built to suit*, em razão de sua peculiaridade, poderá ser renunciado o direito de revisionar o valor do aluguel, bem como pode ser denunciado antecipadamente pelo locatário. Além disso, há aplicação de multa convencional, que pode chegar até o valor dos alugueres vincendos (art. 54-A, § 2º, da Lei n. 8.245/1991), como forma de ressarcir o investimento implementado pelo locador.

— 5.2.4 —
Renovatória de locação

Tendo em vista a peculiaridade da atividade da empresa, que necessita de imóvel para o estabelecimento empresarial, constituindo clientela e, muitas vezes, imobilizando investimento, a locação não residencial prevê a proteção da ação renovatória, desde que preenchidos alguns requisitos.

Primeiramente, há um prazo decadencial que deve ser cuidadosamente avaliado, pois dele depende a possibilidade de ajuizamento da demanda, como está disposto no parágrafo 5º do art. 51 da Lei de Locações: "Do direito a renovação decai aquele que não propuser a ação no interregno de um ano, no máximo, até seis meses, no mínimo, anteriores à data da finalização do prazo do contrato em vigor" (Brasil, 1991).

O prazo decadencial decorre da natureza constitutiva de uma nova relação contratual, devendo ser analisado no caso concreto, ou seja, no contrato de locação em vigor, para que a distribuição da ação renovatória ocorra no prazo legal, não antes de 1 ano e até 6 meses.

Você precisa estar atento ao prazo! "Como se trata de prazo de direito material, se expirar em dia não útil, a ação deverá ser proposta em dia útil anterior" (Scavone Junior, 2015, p. 1.419). Ele é contado de forma inversa, de traz para frente, e não é de 180 dias, mas de 6 meses, o que pode impactar diferentes datas.

Para que se busque a renovação compulsória, quando não há acordo entre os contratantes para sua renovação, as regras legais são bastante objetivas e capazes de colocar tudo a perder se não cumpridas. Assim, faltando um ano para a finalização do prazo do contrato de locação, é importante verificar se há cumprimento dos seguintes requisitos, conforme o art. 51 da Lei de Locações:

> Art. 51. Nas locações de imóveis destinados ao comércio, o locatário terá direito a renovação do contrato, por igual prazo, desde que, cumulativamente:
>
> I – o contrato a renovar tenha sido celebrado por escrito e com prazo determinado;
>
> II – o prazo mínimo do contrato a renovar ou a soma dos prazos ininterruptos dos contratos escritos seja de cinco anos;
>
> III – o locatário esteja explorando seu comércio, no mesmo ramo, pelo prazo mínimo e ininterrupto de três anos. (Brasil, 1991)

Atente que os requisitos são cumulativos, ou seja, devemos ter o cumprimento de todos esses requisitos para conferir ao locatário o direito à renovação do contrato, por igual prazo, o que se constitui o mais poderoso instrumento de proteção do fundo empresarial (Souza, 2012).

Encontramos, então, a importância do prazo determinado no contrato, devendo ser ele escrito. Como se trata de uma proteção ao empresário, em virtude de seu investimento, o prazo deve ser superior a cinco anos e com exploração comercial.

Essa proteção deve ser estendida ao sublocatário, o qual também pode utilizar esse benefício legal em proteção à sua atividade empresarial no imóvel (art. 51, § 1º, da Lei n. 8.245/1991).

Quanto ao prazo a ser renovado, será limitado a cinco anos. O Superior Tribunal de Justiça apresenta um importante entendimento, bastante explicativo, que esclarece sobre a forma de proteção do estabelecimento empresarial. Confira o teor do Recurso Especial n. 1.323.410/MG:

> RECURSO ESPECIAL. AÇÃO RENOVATÓRIA DE CONTRATO. LOCAÇÃO COMERCIAL. ACCESSIO TEMPORIS. PRAZO DA RENOVAÇÃO. ARTIGOS ANALISADOS: ART. 51 da Lei 8.245/91.
>
> [...] 4. A renovatória, embora vise garantir os direitos do locatário face às pretensões ilegítimas do locador de se apropriar patrimônio imaterial, que foi agregado ao seu imóvel pela atividade exercida pelo locatário, notadamente o fundo de comércio, o ponto comercial, também não pode se tornar uma forma de eternizar o contrato de locação, restringindo os direitos de propriedade do locador, e violando a própria natureza bilateral e consensual da avença locatícia.
>
> 5. O prazo 5 (cinco) anos mostra-se razoável para a renovação do contrato, a qual pode ser requerida novamente pelo locatário ao final do período, pois a lei não limita essa possibilidade. Mas permitir a renovação por prazos maiores, de 10, 15, 20 anos, poderia acabar contrariando a própria finalidade do instituto, dadas as sensíveis mudanças de conjuntura econômica, passíveis de ocorrer em tão longo período de tempo, além de outros fatores que possam ter influência na decisão das partes em renovar, ou não, o contrato.

6. Quando o art. 51, caput, da Lei 8.2145 dispõe que o locatário terá direito à renovação do contrato "por igual prazo", ele está se referido ao prazo mínimo exigido pela legislação, previsto no inciso II do art. 51, da Lei 8.245/91, para a renovação, qual seja, de 5 (cinco) anos, e não ao prazo do último contrato celebrado pelas partes.

7. A interpretação do art. 51, caput, da Lei 8.245/91, portanto, deverá se afastar da literalidade do texto, para considerar o aspecto teleológico e sistemático da norma, que prevê, no próprio inciso II do referido dispositivo, o prazo de 5 (cinco) anos para que haja direito à renovação, a qual, por conseguinte, deverá ocorrer, no mínimo, por esse mesmo prazo.

8. A renovação do contrato de locação não residencial, nas hipóteses de "*accessio temporis*", dar-se-á pelo prazo de 5 (cinco) anos, independentemente do prazo do último contrato que completou o quinquênio necessário ao ajuizamento da ação. O prazo máximo da renovação também será de 5 (cinco) anos, mesmo que a vigência da avença locatícia, considerada em sua totalidade, supere esse período.

9. Se, no curso do processo, decorrer tempo suficiente para que se complete novo interregno de 5 (cinco) anos, ao locatário cumpre ajuizar outra ação renovatória, a qual, segundo a doutrina, é recomendável que seja distribuída por dependência para que possam ser aproveitados os atos processuais como a perícia. [...] (Brasil, 2013)

O procedimento judicial para proposição da ação renovatória pode ser encontrado nos arts. 71 a 75 da Lei de Locações. Ao propor a demanda, deve ser arbitrado o valor para a nova locação e, caso não obtenha sentença favorável, o prazo para desocupação é de 30 dias (art. 74 da Lei n. 8.245/1991).

Reputamos, então, que este seria o ponto mais importante para o direito empresarial quanto à locação do imóvel em que se instala a empresa, a qual poderá proteger-se da forma arbitrária ou oportunista do locador, que não poderá retomar o imóvel quando cumpridos aos requisitos legais. Garante-se, assim, um novo período de contrato e adequação de valores, trazendo a segurança necessária para o exercício empresarial.

— 5.3 —
Transferência de tecnologia

Orlando Gomes (2007, p. 577) ressalta como necessário ao contrato de transferência de tecnologia que a parte detentora do conhecimento se obrigue "a transmitir a outra os conhecimentos que tem de processo especial de fabricação, informações ou práticas originais e só por essa pessoa conhecidos".

Então, o contrato de transferência de tecnologia ou know--how forma-se quando o titular do conhecimento autoriza o contratante a utilizar os processos industriais, formulações ou processos organizacionais durante certo tempo mediante retribuição.

Mas o que é *know-how*? Significa saber fazer, conhecimento, técnica, experiência (Teixeira, 2016). Representa um bem imaterial que deriva do conhecimento e da inovação, com valor patrimonial e protegido por lei. "Consiste o *know-how* em certos conhecimentos ou processos, secretos e originais, que uma pessoa tem e que, devidamente aplicados, dão como resultado um benefício a favor daquele que os emprega" (Martins, 2018, p. 384).

Verificamos, então, que o *know-how* é detido por uma das partes do contrato, a qual detém o conhecimento especializado para determinado sistema produtivo ou técnica de produto ou de serviço e que, por necessidade do contratante, pode ser objeto de cessão de uso, verdadeiro compartilhamento dos segredos.

Aqui vale lembrar: trata-se de um segredo que não deve tornar-se público, ainda que esteja transferido a terceiro.

Embora não esteja devidamente regulado, aplicam-se as regras gerais dos contratos e os termos do art. 2º, parágrafo 1º, da Lei n. 10.168, de 29 de dezembro de 2000: "Consideram-se, para fins desta Lei, contratos de transferência de tecnologia os relativos à exploração de patentes ou de uso de marcas e os de fornecimento de tecnologia e prestação de assistência técnica" (Brasil, 2000).

Pela especificidade da relação empresarial, os contratos de transferência devem ser averbados no Instituto Nacional da Propriedade Industrial (INPI) (Ato Normativo n. 135/1997), nos termos do art. 211 da Lei n. 9.279, de 14 de maio de 1996 (Lei de Propriedade Industrial): "O INPI fará o registro dos contratos que impliquem transferência de tecnologia, contratos de franquia e similares para produzirem efeitos em relação a terceiros" (Brasil, 1996b).

As **modalidades** dos contratos de transferência de tecnologia são: cessão; licenciamento; e transferência de tecnologia e assistência técnica. Vejamos os detalhes a seguir.

- **Contrato de cessão** – Quando há transferência de titularidade do direito de propriedade intelectual. Esses contratos devem ser escritos, pois não há presunção de cessão, bem como deve prever o âmbito territorial dessa cessão. Mesmo recebendo a cessão do *know-how*, o cessionário, em regra, não pode transferir a terceiros sem anuência do cedente (Martins, 2018).
- **Contrato de licenciamento** – Quando há licença para o uso do direito de propriedade, com prazo determinado, o qual pode prever eventual uso exclusivo. Caso não haja exclusividade, pode o licenciador ofertar a outros licenciados. Pode, ainda, ocorrer limitação por extensão, quando há limite de uso a um número de unidades ou processos aplicados, como, por exemplo, a produção de cem equipamentos com aplicação da tecnologia licenciada.
- **Contrato de transferência de tecnologia e assistência técnica** – Quando há fornecimento de informações de propriedade industrial conjuntamente a serviços de assistência técnica. Desse modo, concedem-se os procedimentos para a manutenção da tecnologia transferida, conforme o modo determinado pelo detentor do *know-how* e sob sua supervisão.

— 5.3.1 —
Confidencialidade e sigilo

Como o objeto do contrato é, de forma genérica, informação, esta deverá ser resguardada pelas partes pela confidencialidade e pelo sigilo, pois, ao revelar a informação externamente aos contratantes, muito pode perder-se, inclusive o corpo de conhecimentos.

A tecnologia representa um ativo de grande importância para os setores econômicos, tanto para aqueles envolvidos na pesquisa e desenvolvimento de novas tecnologias, ou em seu aprimoramento, quanto para os envolvidos com a aplicação da tecnologia em bens e serviços.

Para a transferência de tecnologia, o segredo é crucial para manter "o valor econômico e a vantagem competitiva conferida pela exploração da tecnologia" (Prado, 1997, p. 138), por isso é considerado como requisito do *know-how*. Portanto, essa cláusula não protege apenas os elementos confidenciais, mas verdadeiramente resguarda o valor econômico da tecnologia.

Assim, entendemos esse ponto como uma cláusula essencial, pois as partes contratantes deverão manter todas as informações confidenciais e sigilosas, bem como os dados revelados devido ao contrato de transferência de tecnologia.

A infração a essa cláusula de confidencialidade pode prever aplicação de multa ou rescisão do contrato. Ainda, é prevista na Lei de Propriedade Industrial a possibilidade de responsabilidade por crime de concorrência desleal.

— 5.3.2 —
Assimetria informacional

Para o contrato de transferência de tecnologia, a informação é o maior capital, devendo ser protegida. No entanto, a possibilidade de um dos contratantes desconhecerem processos não pode ser um impeditivo que possa levar a erro o outro contratante.

É da própria razão do negócio jurídico buscado a assimetria informacional, uma vez que, ainda que os contratantes desejem realizar o contrato, as informações são incompletas em relação a esse objeto. Assim, o motivo para a realização do contrato reside na necessidade, de uma das partes, da informação que a outra detém e, em decorrência disso, firma-se um contrato com tal objetivo (Ribeiro; Galeski Junior, 2016).

Como forma de buscar certa paridade (simetria) na informação dos contratantes é comum a formalização dos entendimentos preliminares, em que o detentor do *know-how* vem a esclarecer, ainda que minimamente, quais serão os procedimentos e os conhecimentos passíveis de objeto do contrato. Lembramos que, nessa fase, também devem ser convencionados o sigilo e a confidencialidade.

— 5.3.3 —
Remuneração

Com o acordo das partes e do objeto do contrato, é ajustada a remuneração, também chamada de *royalty*, que é de livre ajustamento, em respeito à autonomia da vontade e da livre iniciativa.

O pagamento pode ser efetivado de uma só vez ou aplicando-se percentual sobre o benefício alcançado pela parte que fez a aquisição da tecnologia. Também pode ocorrer, além do *royalty*, a inclusão de valor mensal em retribuição à prestação de assistência técnica à tecnologia transferida.

— 5.3.4 —
Concorrência desleal

Por tratar de informação, somente o autorizado pode utilizar os processos negociados no contrato, na forma e nos prazos avençados. Como toda informação compartilhada, ainda que imaterial, ela tem conteúdo econômico, que deve ser sempre protegido.

Sobre o tema, o art. 195 da Lei de Propriedade Industrial assim preceitua:

> Art. 195. Comete crime de concorrência desleal quem:
>
> [...]
>
> XI – divulga, explora ou utiliza-se, sem autorização, de conhecimentos, informações ou dados confidenciais, utilizáveis na indústria, comércio ou prestação de serviços, excluídos aqueles que sejam de conhecimento público ou que sejam evidentes para um técnico no assunto, a que teve acesso mediante relação contratual ou empregatícia, mesmo após o término do contrato; (Brasil, 1996b)

Dessa forma, diante de utilização indevida, aplicam-se as proteções da propriedade industrial para o caso de concorrência desleal, inclusive criminais.

— 5.3.5 —
Extinção do contrato

Havendo o cumprimento do prazo, extingue-se o contrato. Entretanto, caso seja efetivado por inadimplemento, por denúncia ou, até mesmo, de forma bilateral por mútuo acordo, o beneficiário do contrato de tecnologia deve continuar a guardar sigilo sobre o *know-how*, bem como ficará impedido de utilizá-lo.

Caso ocorra a utilização da informação decorrente do contrato de transferência de tecnologia, o contratante violador pode incorrer em concorrência desleal e infração penal e ser responsabilizado por perdas e danos causados.

— 5.4 —
Arrendamento e parceria rural

O mercado do agronegócio tornou-se uma atividade que gera e circula riquezas de forma bastante pujante em nosso país.

Ainda que existam regras legais, há necessidade de maior profissionalismo do agronegócio, colocando o empreendedor rural ao alcance de proteção jurídica e das demandas econômicas.

O Código Civil, no art. 971, assim prevê:

> Art. 971. O empresário, cuja atividade rural constitua sua principal profissão, pode, observadas as formalidades de que tratam o art. 968 e seus parágrafos, requerer inscrição no Registro Público de Empresas Mercantis da respectiva sede, caso em que, depois de inscrito, ficará equiparado, para todos os efeitos, ao empresário sujeito a registro. (Brasil, 2002)

Portanto, justifica-se a colocação dos contratos de utilização da terra de utilização agrícola como afetos aos contratos empresariais, em virtude da sistemática aplicável aos princípios, bem como da possibilidade legal de constituição de sociedade empresária ao produtor rural.

Diante dessa condição empresária que surge de forma a regular as operações de produção e, principalmente, de utilização do solo como meio de ampliar os negócios e de dinamizar o que se pode chamar de *agronegócio típico*. José Fernando Lutz Coelho (2016) esclarece que, como não é necessária a aquisição de terras rurais, imobilizando o capital na compra do imóvel, para trabalhar a terra os empresários entendem que o arrendamento rural ou a parceria rural agrícola são formas de investir no negócio e, adicionalmente, poder mudar de terreno a cada safra, a cada momento mais apropriado para uma plantação que oferte maior produtividade.

— 5.4.1 —
Arrendamento rural

No contrato de arrendamento rural, o arrendante ou arrendado obriga-se a ceder ao arrendatário a posse ou o uso temporário da terra por determinado tempo, ou não, incluindo ou não benfeitorias, em troca de retribuição, com o fim específico do exercício de atividade de exploração agrícola ou pecuária, agroindustrial ou extrativa, conforme prevê o art. 3º do Decreto n. 59.566, de 14 de novembro de 1966 (Brasil, 1966a).

As normas que regram o arrendamento rural estão inscritas no Estatuto da Terra – Lei n. 4.504, de 30 de novembro de 1964 (Brasil, 1964a) –, regulamentado pelo Decreto n. 59.566/1966.

Requisitos

Como já destacamos anteriormente, o contrato é instrumento de vontade e, para melhor efetivar as provas dessa vontade, deve ser tomado a termo, motivo pelo qual deverá, sempre que possível, ser expresso e escrito. Entretanto, pela especificidade do Estatuto da Terra, em sua regulamentação do Decreto n. 59.566/1966, art. 11, quando o contrato for verbal "presume-se como ajustadas as cláusulas obrigatórias estabelecidas no art. 13 dêste Regulamento" (Brasil, 1966a).

Tratando-se de uma atividade altamente regulada, e até mesmo protetiva, devem ser seguidos os termos legais, os quais balizam a autonomia privada. Alguns requisitos para a formação desse tipo de contrato devem ser atendidos, entre eles o objeto, qual seja, a cessão da terra; o prazo; a retribuição; o subarrendamento; e as benfeitorias. Vamos a essa análise a seguir.

a. **Cessão da terra**

O objeto do contrato de arrendamento rural é a cessão da posse pelo proprietário para o arrendante para uso da terra com fim específico de trabalhar no imóvel de forma vinculada à atividade agrícola, pecuária, agroindustrial e extrativa, nos termos do art. 92 do Estatuto da Terra. Esse mesmo artigo prevê que o contrato pode ser expresso ou tácito.

Sendo uma cessão de uso, sem transferência de domínio, esta é mantida com o proprietário, e ao arrendante somente é transferida a posse direta, como ocorre na locação.

Mesmo se aproximando de uma locação não residencial, o arrendamento não é locação, nem se rege pela Lei de Locações (Lei n. 8.245/1991). Entretanto, no art. 32 do Decreto n. 59.566/1966, há a possibilidade de retomada do imóvel cedido ao arrendante, que ocorre por meio de despejo, conforme os motivadores. Entre estes, ressaltamos o término do prazo contratual, o desvio de finalidade e abandono do cultivo, o subarrendamento não consentido, o descumprimento das regras legais do Estatuto da Terra e a falta de pagamento da remuneração.

A cessão da terra, como bem explicita o art. 3º do Decreto n. 59.566/1966, pode ser de todo o imóvel do arrendatário, como parte dele, podendo, ainda, incluir, "outros bens, benfeitorias e ou facilidades", as quais deverão ser ressarcidas, se úteis ou necessárias ou levantadas se voluptuárias (Brasil, 1966a).

E, por disposição de vontade do arrendado, este poderá "se opor a cortes ou podas, se danosos aos fins florestais ou agrícolas a que se destina a gleba objeto do contrato" (art. 42 do Decreto n. 59.566/1966). Portanto, poderá haver limitação de uso do imóvel cedido.

b. **Prazo**

O contrato de arrendamento rural poderá ser pactuado por prazo determinado ou indeterminado, mas com a proteção peculiar e protetiva do Estatuto da Terra, art. 95, há presunção de prazo mínimo de 3 anos.

Ainda, como a cessão de uso é para atividade agrícola, os prazos terminarão sempre depois de encerrada a colheita e, no caso de retardamento da colheita por força maior, os prazos serão prorrogados.

O Decreto n. 59.566/1966 trata de forma mais objetiva, no art. 13, inclusive sendo expresso que tal forma busca a conservação dos recursos naturais:

> Art 13. Nos contratos agrários, qualquer que seja a sua forma, contarão obrigatoriamente, clausulas que assegurem a conservação dos recursos naturais e a proteção social e econômica dos arrendatários e dos parceiros-outorgados a saber;
>
> [...]

II – Observância das seguintes normas, visando a conservação dos recursos naturais:

a) prazos mínimos, na forma da alínea " b ", do inciso XI, do art. 95 e da alínea " b ", do inciso V, do art. 96 do Estatuto da Terra:

– de 3 (três), anos nos casos de arrendamento em que ocorra atividade de exploração de lavoura temporária e ou de pecuária de pequeno e médio porte; ou em todos os casos de parceria;

– de 5 (cinco), anos nos casos de arrendamento em que ocorra atividade de exploração de lavoura permanente e ou de pecuária de grande porte para cria, recria, engorda ou extração de matérias primas de origem animal;

– de 7 (sete), anos nos casos em que ocorra atividade de exploração florestal; (Brasil, 1966a)

Mesmo sendo um prazo legal, encartado em uma legislação protetiva dos recursos naturais e sob o ideário da função social da propriedade e do contrato, houve alguns julgamentos entendendo que a vontade das partes poderia afastar o prazo mínimo. Atualmente, o do STJ firmou o entendimento pela aplicação do prazo mínimo de vigência no Recurso Especial n. 1.455.709/SP:

> RECURSO ESPECIAL. CONTRATO AGRÁRIO. ARRENDAMENTO RURAL. PECUÁRIA DE GRANDE PORTE. PRAZO MÍNIMO DE VIGÊNCIA. CINCO ANOS. AFASTAMENTO. CONVENÇÃO DAS PARTES. NÃO CABIMENTO.

1. Trata-se de recurso especial interposto em autos de ação de despejo cumulada com perdas e danos na qual se discute a possibilidade de as partes firmarem contrato de arrendamento rural com observância de prazo inferior ao mínimo legal.

2. Os elementos de instabilidade no campo, caracterizados principalmente pela concentração da propriedade rural e pela desigualdade econômica e social em relação aos pequenos produtores, demandaram produção legislativa destinada a mitigar esses entraves e a estimular a utilização produtiva da terra, de forma justa para as partes envolvidas.

3. Em se tratando de contrato agrário, o imperativo de ordem pública determina sua interpretação de acordo com o regramento específico, visando obter uma tutela jurisdicional que se mostre adequada à função social da propriedade. As normas de regência do tema disciplinam interesse de ordem pública, consubstanciado na proteção, em especial, do arrendatário rural, o qual, pelo desenvolvimento do seu trabalho, exerce a relevante função de fornecer alimentos à população.

4. Os prazos mínimos de vigência para os contratos agrários constituem norma cogente e de observância obrigatória, não podendo ser derrogado por convenção das partes contratantes.

5. O contrato de arrendamento rural destinado à pecuária de grande porte deve ter duração mínima de 5 (cinco) anos. Inteligência dos arts. 95, inciso XI, alínea "b", da Lei n. 4.504/1964; 13, incisos II e V, da Lei n. 4.947/1966 e 13, inciso II, alínea "a", do Decreto n. 59.566/1966. [...] (Brasil, 2016b)

Vemos, então, que, mesmo tratando-se de um contrato com cunho empresarial e sob a égide da livre iniciativa, nos contratos regidos pelo Estatuto da Terra, os prazos mínimos devem ser respeitados.

Ao final do prazo, caso não seja de interesse do proprietário do imóvel em manter o contrato, ou havendo proposta mais rentável, deverá notificar o arrendante no prazo de 6 meses antes do vencimento (art. 95, IV, do Estatuto da Terra).

c. **Retribuição**

Por ser um contrato oneroso, deverá incidir uma retribuição pelo uso da terra ao proprietário. O preço deverá ser certo, devendo ser ajustado de forma livre e em dinheiro, mas o pagamento poderá ser em produtos em que o proprietário não participa dos riscos do negócio.

Entretanto, esse ajuste de forma livre tem suas restrições, pois, como já vimos, há regras protetivas. O art. 95, inciso XII, do Estatuto da Terra aponta que a remuneração é limitada em 15%, sobre o valor cadastral do imóvel se arrendamento integral, ou limitada a 30% se o arrendamento for parcial.

O valor da retribuição, ainda que certo quanto ao valor, pode ser pago em dinheiro ou, se for pago com produtos, "em quantidade de frutos cujo preço corrente no mercado local, nunca inferior ao preço mínimo oficial, equivalha ao do aluguel, à época da liquidação" (art. 18 do Decreto n. 59.566/1966).

Protegendo o arrendador, foi instituída a obrigatoriedade de reajuste anual (art. 16 do Decreto n. 59.566/1966) do contrato de arrendamento como forma de proteção com relação à inflação, que deteriora o valor da moeda, e à própria capacidade produtiva agregada pelo arrendante, visto que não são partícipes dos resultados, mas somente da remuneração pelo uso.

d. **Subarrendamento**

O subarrendamento é a cessão que o arrendatário faz a outra pessoa, um terceiro na relação contratual. Ele é possível desde que necessariamente seja precedido de consentimento expresso do arrendador (art. 95, VI, do Estatuto da Terra). Da mesma forma que ocorre com a locação, o arrendamento, quando inexistente, expressa autorização do proprietário da terra é passível de motivar a ação de despejo, conforme trata o art. 32 do Decreto n. 59.566/1966.

e. **Benfeitorias**

As benfeitorias necessárias e úteis serão indenizadas se constantes do contrato. Se não indenizadas pelo proprietário da terra, é autorizada ao arrendatário a manutenção do uso do solo, em direito de retenção.

Em razão da especificidade do arrendamento rural, a manutenção do uso do solo inicia nova safra, devendo ser respeitada para o término do prazo e consequente entrega do imóvel.

Preferência

Por se tratar de um contrato vinculado a uma lei protetiva e, como já afirmamos, em defesa da função social da propriedade, haverá preferência em caso de desapropriação, desde que arrendante ocupe a terra por mais de 5 anos (art. 95, XIII, do Estatuto da Terra).

Da mesma forma que ocorre na locação, o arrendante tem o direito de preferência em caso de venda do imóvel objeto do arrendamento, bem como para a renovação do contrato. Esse tema já foi enfrentado pelo STJ no Recurso Especial n. 164.442/MG:

> CIVIL. ARRENDAMENTO RURAL. DIREITO DE PREFERÊNCIA. FALTA DE NOTIFICAÇÃO AO ARRENDATÁRIO. CONTRATO NÃO REGISTRADO. IRRELEVÂNCIA.
>
> 1. A PREFERÊNCIA OUTORGADA PELO ESTATUTO DA TERRA AO ARRENDATÁRIO É UMA GARANTIA DO USO ECONÔMICO DA TERRA EXPLORADA POR ELE.
>
> 2. 'O DIREITO DO ARRENDATÁRIO À PREFERÊNCIA, NO ESTATUTO DA TERRA, É REAL, POIS LHE CABE HAVER A COISA VENDIDA (IMÓVEL) SE A DEVIDA NOTIFICAÇÃO NÃO FOI FEITA, DO PODER DE QUEM A DETENHA OU ADQUIRIU'.
>
> 3. O ART. 92, CAPUT, DA LEI 4.505/64 É CLARO EM PREVER A POSSIBILIDADE DE CONTRATO TÁCITO, ALÉM DA FORMA ESCRITA, E O PARÁGRAFO 3º, AO FIXAR SE DEVA DAR PREFERÊNCIA AO ARRENDATÁRIO, MEDIANTE NOTIFICAÇÃO, ABSOLUTAMENTE NÃO DISTINGUE ENTRE A FORMA ESCRITA

E VERBAL, NEM TRAZ QUALQUER EXIGÊNCIA QUANTO À NECESSIDADE DE REGISTRO DO CONTRATO NO CARTÓRIO IMOBILIÁRIO.

4. DIANTE DA ESPECIALIDADE DAS NORMAS EM COMENTO NÃO HÁ COMO SE CONSTITUIR EXEGESE SOBRE O DIREITO DE PREFERÊNCIA A PARTIR DO CÓDIGO CIVIL-DE CARÁTER GERAL, POIS A REGÊNCIA, NO CASO, SE DÁ PELO ESTATUTO DA TERRA, QUE INSTITUIU EM PROL DO ARRENDATÁRIO DIREITO REAL ADERENTE AO IMÓVEL. [...]. (Brasil, 2008c)

Para o enfrentamento da preferência do contrato de arrendamento, a única obrigatoriedade legal é a notificação e a resposta serem efetivadas por títulos e documentos e na comarca da situação do imóvel, nos termos do art. 22, parágrafo 3º, do Decreto 59.566/1966, já que não há obrigatoriedade de contrato escrito.

Cláusulas vedadas

Para que não se configure qualquer outra forma de relação contratual senão a cessão de uso do imóvel pelo arrendante, o art. 93 do Estatuto da Terra elencou posicionamentos vedados para o arrendatário exigir do arrendante: prestação de serviço gratuito; exclusividade da venda da colheita; obrigatoriedade do beneficiamento da produção em seu estabelecimento; obrigatoriedade da aquisição de gêneros e utilidades em seus armazéns ou barracões; aceitação de pagamento substitutivas da moeda.

Essas vedações são necessárias para que o arrendante tenha total autonomia em sua utilização do imóvel, produzindo e fazendo circular as riquezas, devendo apenas ao arrendatário o valor da remuneração pactuada.

— 5.4.2 —
Parceria rural

Vejamos o conceito de parceria rural disposto no parágrafo 1º do art. 96 do Estatuto da Terra:

> Art. 96. [...]
>
> [...]
>
> § 1º Parceria rural é o contrato agrário pelo qual uma pessoa se obriga a ceder à outra, por tempo determinado ou não, o uso específico de imóvel rural, de parte ou partes dele, incluindo, ou não, benfeitorias, outros bens e/ou facilidades, com o objetivo de nele ser exercida atividade de exploração agrícola, pecuária, agroindustrial, extrativa vegetal ou mista; e/ou lhe entrega animais para cria, recria, invernagem, engorda ou extração de matérias-primas de origem animal, mediante partilha, isolada ou cumulativamente, dos seguintes riscos:
>
> I – caso fortuito e de força maior do empreendimento rural;
>
> II – dos frutos, produtos ou lucros havidos nas proporções que estipularem, observados os limites percentuais estabelecidos no inciso VI do caput deste artigo;
>
> III – variações de preço dos frutos obtidos na exploração do empreendimento rural. (Brasil, 1964a)

O Estatuto da Terra apresenta em seu texto, os dois tipos contratuais e afirma que se aplicam ao contrato de parceria rural as normas pertinentes ao arrendamento rural, mas, desde seu conceito, divergem em alguns aspectos.

Na própria definição, encontramos os **riscos** desse tipo de contrato, em especial a previsão de que os lucros havidos proporcionalmente ao estipulado serão distribuídos mediante partilha.

Como há investimentos, os quais demandam tempo para a recuperação, não há possibilidade de contratação por prazo indeterminado, prevendo-se como **prazo mínimo** três anos.

Quanto à diferença em relação ao arrendamento rural, temos que neste o uso do imóvel do arrendatário rende um valor remuneratório, predefinido, com característica de aluguel, sendo pago um preço. Já na parceria rural, o proprietário disponibiliza seu imóvel rural, mas concorre com os riscos da exploração da atividade agrícola, pecuária, extrativa, ou mista proposta, recebendo percentual dos resultados, sejam frutos, produtos ou lucros.

Veja que ambas as partes parceiras estão sujeitas aos lucros e aos prejuízos decorrentes da produção agrícola, não havendo garantia de recebimento.

Dirigismo contratual

A remuneração do proprietário do imóvel não mais é somente sobre a utilização, mas sobre o negócio parceiro, que, em virtude do regramento legal, é limitado aos percentuais estipulados no art. 96, inciso VI, do Estatuto da Terra:

Art. 96. [...]

[...]

VI – na participação dos frutos da parceria, a quota do proprietário não poderá ser superior a:

a) 20% (vinte por cento), quando concorrer apenas com a terra nua;

b) 25% (vinte e cinco por cento), quando concorrer com a terra preparada;

c) 30% (trinta por cento), quando concorrer com a terra preparada e moradia;

d) 40% (quarenta por cento), caso concorra com o conjunto básico de benfeitorias, constituído especialmente de casa de moradia, galpões, banheiro para gado, cercas, valas ou currais, conforme o caso;

e) 50% (cinquenta por cento), caso concorra com a terra preparada e o conjunto básico de benfeitorias enumeradas na alínea d deste inciso e mais o fornecimento de máquinas e implementos agrícolas, para atender aos tratos culturais, bem como as sementes e animais de tração, e, no caso de parceria pecuária, com animais de cria em proporção superior a 50% (cinquenta por cento) do número total de cabeças objeto de parceria;

f) 75% (setenta e cinco por cento), nas zonas de pecuária ultra-extensiva em que forem os animais de cria em proporção superior a 25% (vinte e cinco por cento) do rebanho e onde se adotarem a meação do leite e a comissão mínima de 5% (cinco por cento) por animal vendido;

g) nos casos não previstos nas alíneas anteriores, a quota adicional do proprietário será fixada com base em percentagem máxima de dez por cento do valor das benfeitorias ou dos bens postos à disposição do parceiro; (Brasil, 1964a)

Nessas condições, a parceria rural, ainda que operada por empresários precisará cumprir os percentuais definidos em lei, o que restringe, mas não impede a livre iniciativa e a autonomia privada.

Moradia

Como a cessão do imóvel resulta de uma partilha de riscos, mas que o não proprietário tem o interesse em operar a atividade agrícola de forma mais objetiva e rentável, foi prevista a autorização de moradia no imóvel rural ao parceiro, que, como aponta o art. 96, inciso IV, do Estatuto da Terra, deve ser "para atender ao uso exclusivo da família deste, casa de moradia higiênica e área suficiente para horta e criação de animais de pequeno porte" (Brasil, 1964a).

Cabe aqui apenas ressaltar que não deve a parceria rural ser descaracterizada quando se aplica ao parceiro não proprietário a condição de empregado, o que geraria outra figura jurídica. Por isso, deve-se sempre manter a condição de parceria, inclusive com a divisão de custos operacionais.

— 5.5 —
Prestação de serviços e terceirização

Na relação empresarial, é preciso contratar bens materiais e imateriais, mas, muitas vezes, há a necessidade de efetivar a operação econômica de forma objetiva e determinada, o que envolve auxílio de serviços e mão de obra. Contudo, isso não pode impactar a seara trabalhista da empresa. Aqui, então, entram em cena os contratos de prestação de serviços e de terceirização.

— 5.5.1 —
Prestação de serviços

O contrato de prestação de serviço é o negócio jurídico em que o objeto é a realização de um serviço (prestação) material ou imaterial, especializado de uma parte (o prestador) à outra (o tomador), ou seja, é uma obrigação de fazer, mediante remuneração (Teixeira, 2016).

A prestação de serviços compõe um círculo terciário de atividade econômica e não pode ser relacionada ao regime trabalhista, pois não cumpre os requisitos da lei protetiva, uma vez que é operacionalizada por outro regime legal, já que o prestador executa com "independência técnica e sem subordinação hierárquica" (Gomes, 2007, p. 354).

O regime legal da prestação de serviços encontra-se enquadrado no Código Civil, em seus arts. 593 a 609.

No contrato de prestação de serviços, o prestador realiza o trabalho lícito, material ou imaterial ao tomador, mediante retribuição, sem sujeição às leis trabalhistas. Contudo, para ser considerado empresarial e, portanto, regido pelo regime dado pelo direito empresarial, as partes, contratante (tomador) e contratado (prestador) deverão estar enquadrados nos termos do art. 966 do Código Civil.

Estando em situação de igualdade, como se pressupõe a contratação interempresarial, na qual o objeto é para implemento na atividade produtiva, não há de se falar em relação de consumo, como já decidiu o Tribunal de Justiça do Estado do Rio de Janeiro na Apelação n. 0305812-30.2009.8.19.0001:

> APELAÇÃO CÍVEL. CONSUMIDOR. ALEGAÇÃO DE PROTESTO INDEVIDO DE DUPLICATA. CONTRATO DE PRESTAÇÃO DE SERVIÇOS ENTRE PESSOAS JURÍDICAS PARA IMPLEMENTO DA ATIVIDADE EMPRESARIAL. CONCEITO DE CONSUMIDOR. TEORIA FINALISTA OU SUBJETIVA. INEXISTÊNCIA DE RELAÇÃO DE CONSUMO. [...] (Rio de Janeiro, 2017)

Encontramos como prestação de serviço a empresa de contabilidade, que é grande auxiliar do empresário, diretamente ligada à necessidade de operacionalização do negócio e, em razão das habilidades específicas, contempla a obrigação de fazer em seu contrato.

Nesse exemplo, tal relação de prestação de serviços pode ser desvirtuada para uma relação de emprego, regida pelas leis trabalhistas, pois há a possibilidade de contratação de empregados para essa função. Nesse caso, o empresário deve resguardar-se na contratação, evitando o reconhecimento das condições do art. 3º da Consolidação das Leis Trabalhistas (Brasil, 1943), que prevê subordinação, como ocorre na conhecida "pejotização" do trabalho.

Também, após a vigência do Código Civil, as atividades de prestação de serviço obtiveram a possibilidade de constituição empresária, ordenando o desempenho das habilidades específicas, como ocorre em áreas técnicas, as quais figuram "os empresários individuais, as EIRELI e as sociedades empresárias, no exercício diário de suas atividades econômicas" (Ramos, 2017, p. 627).

Requisitos

Vejamos, agora, os requisitos para a celebração desse tipo de contrato.

a. **Objeto**

Precisamos ficar atentos ao objeto e à sua extensão quando da contratação da prestação de serviços, conforme prevê o art. 601 do Código Civil: "Art. 601. Não sendo o prestador de serviço contratado para certo e determinado trabalho, entender-se-á que se obrigou a todo e qualquer serviço compatível com as suas forças e condições" (Brasil, 2002).

Delimitar o serviço a ser prestado coloca a liberdade dos contratantes adequada ao efetivo objeto buscado pelo contratante e ao que efetivamente deverá ser cumprido pelo prestador. Assim, se contratado para a contabilidade da empresa, este poderá atuar em todas as áreas, ou só na fiscal, ou só nos recursos humanos.

b. **Retribuição**

O contrato de prestação de serviços é oneroso e, principalmente pela singularidade e pelas exigências técnicas, fatores de especialização e limites do objeto devem ser devidamente estipulados pelos contratantes, em respeito à liberdade de contratar e à livre iniciativa.

Como não há uma baliza, apenas as regras de mercado, caso as partes se omitam em fazer a devida contratação escrita (prova pré-constituída), será fixada "por arbitramento a retribuição, segundo o costume do lugar, o tempo de serviço e sua qualidade", como determina o art. 596 do Código Civil (Brasil, 2002).

A regra legal do art. 597 do Código Civil prevê que o pagamento do serviço prestado deveria ser feito ao final do serviço prestado integralmente. No entanto, como se mostram as relações comuns da prestação de serviço, principalmente as continuativas ou mensais, poderão ser pagas em prestações. Importante lembrarmos que a prestação de serviços tem a possibilidade de emissão de um título de crédito com força executiva: a duplicata, como prevê o art. 784 do Código de Processo Civil – Lei n. 13.105, de 16 de março de 2015 (Brasil, 2015a) e o art. 20 da Lei n. 5.474, 18 de julho de 1968 (Brasil, 1968). A duplicata de serviços é bastante interessante, e "admite-se sua emissão por quaisquer prestadores de serviços, independentemente da natureza empresarial da atividade exercida" (Tomazette, 2017, p. 394), o que demonstra a necessidade de ser efetivada por prestador empresário, pois demanda escrituração própria do documento, com a nota fiscal de prestação de serviços.

Vemos que o empresário, ainda, tem a possibilidade de buscar sua retribuição, que fora formalizada com a duplicata, podendo até levar a protesto e, posteriormente, requerer a falência do tomador do serviço inadimplente, nos termos da Súmula n. 248 do STJ: "Comprovada a prestação dos serviços, a duplicata não aceita, mas protestada, é título hábil para instruir pedido de falência" (Brasil, 2020d, p. 327). Verificamos aí a seriedade da formalização do contrato e dos documentos que instruem o cumprimento da prestação de serviços.

c. **Não substituição da prestação**

Nos termos do art. 605 do Código Civil, o prestador de serviços, ao assumir sua responsabilidade, não pode ser substituído (Brasil, 2002).

Claramente o preceito legal trata como *intuito personae*, pois abrange os contratos civis. Para os contratos empresariais, a relação é com a pessoa jurídica do prestador, que, embora possa utilizar-se genericamente de seus prepostos, não deve estender a outra pessoa jurídica que não figure no contrato. Além disso, ao ser contratado, o prestador deve mostrar-se hábil para a atividade que vai efetuar, sob pena de, não demonstrada tal realidade, perder o direito à remuneração contratada. Entretanto, havendo benefício ao contratante, em respeito à boa-fé, deverá ser concedido algum pagamento, de acordo com o art. 606 do Código Civil (Brasil, 2002).

d. **Prazo-limite de 4 anos**

O art. 598 do Código Civil afirma que "A prestação de serviço não se poderá convencionar por mais de quatro anos [...]" (Brasil, 2002). Caso seja efetivado contrato em prazo superior, não há anulação do contrato, mas a redução no patamar legal, em respeito ao princípio da conservação dos contratos e preservando-se a autonomia privada (Tartuce, 2017). Entretanto, como nosso objeto de estudo reside nos contratos empresariais, vejamos importante entendimento trazido pelo Enunciado n. 32 do Conselho da Justiça Federal:

> Nos contratos de prestação de serviços nos quais as partes contratantes são empresários e a função econômica do contrato está relacionada com a exploração de atividade empresarial, as partes podem pactuar prazo superior a quatro anos, dadas as especificidades da natureza do serviço a ser prestado, sem constituir violação do disposto no art. 598 do Código Civil. (CJF, 2020)

Ainda que contrário ao disposto do Código Civil, esse entendimento doutrinário é o que mais se adéqua à realidade empresarial e aos seus vetores.

Extinção do contrato

O prestador de serviço contratado por prazo ou por obra certa não pode deixar de entregar o objeto do contrato antecipadamente. Se o fizer, responde por perdas e danos, percebendo apenas a remuneração vencida até a data (art. 602 do Código Civil).

Caso seja rescindido por culpa do contratante, este é devedor da retribuição vencida e da metade do que seria devido no termo legal do contrato (art. 603 do Código Civil). Entretanto, como estamos aplicando os artigos aos contratos empresariais, estes poderão ser adequados à realidade dos negócios interempresariais, como bem se manifestou o Conselho da Justiça Federal nos termos do Enunciado n. 33:

> Nos contratos de prestação de serviços nos quais as partes contratantes são empresários e a função econômica do contrato está relacionada com a exploração de atividade empresarial, é lícito às partes contratantes pactuarem, para a hipótese de denúncia imotivada do contrato, multas superiores àquelas previstas no art. 603 do Código Civil. (CJF, 2020)

Por fim, o contrato pode se extinguir pelo escoamento do prazo do contrato de prestação de serviços, pelo cumprimento da prestação, pela rescisão do contrato mediante aviso prévio, pelo inadimplemento de quaisquer das partes ou pela impossibilidade da continuação do contrato, motivada por força maior (art. 607 do Código Civil).

Empreitada

Ainda que o Código Civil insira o contrato de empreitada em capítulo específico, pois ele difere da prestação de serviços, para nosso estudo do direito empresarial há, aqui, uma similaridade, como afirma Orlando Gomes (2007, p. 365): "Na prestação de serviços, há prestação genérica de trabalho; na empreitada, trabalho específico".

O empreiteiro compromete-se com a execução de obra determinada, seja com oferta do trabalho, seja com trabalho e materiais, conforme art. 610 do Código Civil, devendo os materiais estarem expressos no contrato.

Os riscos dos serviços e de eventuais materiais fornecidos pelo empreiteiro serão de sua responsabilidade, e a conclusão da obra será de acordo com o projeto ou o costume do lugar, obrigando-se o contratante em recebê-la.

Como há similaridade com a prestação de serviços, na empreitada é possível que a remuneração seja cobrada pela expedição de duplicata para a cobrança da empreitada, uma vez que se trata de uma prestação de serviços.

Concluída e recebida a obra, o empreiteiro é responsável pela garantia, tanto de materiais quanto da prestação do serviço, pelo prazo de 5 anos, conforme o art. 618 do Código Civil (Brasil, 2002).

— 5.5.2 —
Terceirização

A prestação de serviços, como verificamos, é uma forma de repassar a terceiros os serviços necessários na cadeia produtiva da empresa. Já havia o entendimento de que poderia ser efetivada a terceirização da prestação de serviços complementares às atividades da empresa (atividade-meio). Atualmente, tornou-se possível também a prestação de serviços inerentes ao objeto da empresa (atividade-fim).

Desse modo, a contratação de empresas prestadoras de serviços, terceirização, para trabalhos temporários, independentemente da atividade, é um meio de implementar a organização empresarial.

Como forma de terminar de suprimir as discussões existentes sobre o tema, foi promulgada a Lei n. 13.429, de 31 de março de 2017, que alterou a legislação do trabalho temporário, regulou a prestação de serviços e permitiu ser possível a terceirização dos serviços inerentes ao objeto da empresa (Brasil, 2017a).

Trabalho temporário é, então, conforme prevê o art. 2º da Lei 13.429/2017 (Brasil, 2017a), aquele prestado por pessoa física contratada por uma empresa de trabalho temporário que a coloca à disposição de uma empresa tomadora de serviços, para atender à necessidade de substituição transitória de pessoal permanente ou à demanda complementar de serviços.

Impacto para o direito empresarial

O rearranjo dos contratos de prestação de serviço impacta diretamente a cadeia produtiva empresarial, pois a mão de obra, tanto de atividade-fim quanto de atividade-meio, é transferida para a cadeia econômica (art. 9º, § 3º, da Lei n. 13.429/2017). Com essa nova possibilidade, a empresa que precisa de mão de obra efetiva a contratação de uma empresa prestadora de serviços para o trabalho temporário.

Diante dessa contratação, a empresa tomadora do serviço recebe o funcionário da empresa prestadora de serviços para a realização da atividade contratada, pois "não existe vínculo de emprego entre ela e os trabalhadores contratados pelas empresas de trabalho temporário", de acordo com o previsto no art. 10 da Lei n. 13.429/2017 (Brasil, 2017a).

Contrato escrito

O contrato celebrado pela empresa de trabalho temporário e a tomadora de serviços será sempre por escrito, ficará à disposição da autoridade fiscalizadora no estabelecimento da tomadora de serviços e conterá (art. 9º da Lei n. 13.429/2017): "I – qualificação das partes; II – motivo justificador da demanda de trabalho temporário; III – prazo da prestação de serviços; IV – valor da prestação de serviços; V – disposições sobre a segurança e a saúde do trabalhador, independentemente do local de realização do trabalho" (Brasil,2017a).

Garantia legal

Qualquer que seja o ramo da empresa tomadora de serviços, não existe vínculo de emprego entre ela e os trabalhadores contratados pelas empresas de trabalho temporário. Mas há um importante cuidado a ser observado e que está previsto no art. 10, parágrafo 7º, da Lei 13.429/2017: "A contratante é subsidiariamente responsável pelas obrigações trabalhistas referentes ao período em que ocorrer o trabalho temporário, e o recolhimento das contribuições previdenciárias observará o disposto no art. 31 da Lei n. 8.212, de 24 de julho de 1991" (Brasil, 2017a).

Então, cuidado! Cabe à empresa tomadora fiscalizar o pagamento dos custos da prestadora de serviços quanto ao pagamento das verbas trabalhistas, a fim de evitar eventual responsabilidade solidária.

— 5.6 —

Transporte

O contrato de transporte se caracteriza pelo recebimento de um preço para transportar pessoa ou coisa de um local para outro. Ressalta Martins (2018, p. 190):

Esse é, sem dúvida, um dos contratos mais comuns na vida comercial, tendo em vista que a circulação das mercadorias é uma das características do comércio. É, igualmente, um contrato que dia a dia vai ampliando o seu campo de ação, em virtude principalmente do progresso dos elementos utilizados para transportar mercadorias ou pessoas.

O Código Civil regula o contrato de transporte, tanto de pessoas quanto de coisas, em seus arts. 730 a 756.

Também se aplicam as legislações esparsas que disciplinam os diferentes meios de transporte, seja de um único modal, seja multimodal, mas tendo como base o Código Civil, como expresso no art. 732: "Aos contratos de transporte, em geral, são aplicáveis, quando couber, desde que não contrariem as disposições deste Código, os preceitos constantes da legislação especial e de tratados e convenções internacionais" (Brasil, 2002).

— 5.6.1 —
Requisitos

Para o estudo a que nos propomos neste livro, vamos nos ater ao transporte de coisas, também chamado genericamente de *transporte de mercadorias*, que afeta diretamente a relação empresarial. Assim, vejamos os requisitos para a formalização desse tipo de contrato.

a. **Objeto**

O objeto do contrato de transporte é o serviço de deslocamento de pessoas e de coisas de um lugar, sua origem, até outro lugar, seu destino. De forma didática, afirma Martins (2018, p. 196):

> O contrato se aperfeiçoa mediante o simples acordo de vontades; começa a ser executado no momento em que a coisa é recebida pela parte, que se incumbe de transportá-la, e só finda a execução no instante em que é entregue ou posta à disposição do destinatário. Então, cumprida a obrigação do transportador, cessam suas responsabilidades, tendo-se o contrato por devidamente cumprido.

Uma sociedade empresária explora essa atividade de transporte por meio terrestre, aquático ou aéreo para recolher as mercadorias no local indicado pelo contratante (fábrica, depósito ou porto) e entregar a outra sociedade empresária ou a quem esta indicar (estabelecimento varejista ou o domicílio do consumidor).

Cabe aqui lembrar que, por ser contrato de transporte entre empresários, não há incidência do Código de Defesa do Consumidor, como podemos constatar no Recurso Especial n. 1.669.638/SP do STJ:

> DIREITO CIVIL E DO CONSUMIDOR. RECURSO ESPECIAL. AÇÃO DE REPARAÇÃO DE DANOS MATERIAIS. CONTRATO DE TRANSPORTE RODOVIÁRIO DE CARGAS. PRODUTO QUE

CHEGA DETERIORADO AO PONTO DE DESTINO. APLICAÇÃO DO CDC AFASTADA. AUSÊNCIA DE RELAÇÃO DE CONSUMO. [...]

2. O propósito recursal é definir se está configurada relação de consumo entre recorrente e recorrida, a fim de identificar qual o prazo prescricional aplicável para o ajuizamento da ação de reparação de danos materiais oriundos de suposta falha na prestação de serviço de transporte rodoviário de carga.

3. Quando o vínculo contratual entre as partes é necessário para a consecução da atividade empresarial (operação de meio), movido pelo intuito de obter lucro, não há falar em relação de consumo, ainda que, no plano restrito aos contratantes, um deles seja destinatário fático do bem ou serviço fornecido, retirando-o da cadeia de produção.

4. Revela-se pertinente a premissa em que se baseia o acórdão recorrido para afastar a configuração da relação de consumo, pois a recorrente não pode ser considerada destinatária final–no sentido fático e econômico–do serviço de transporte rodoviário de cargas.

Vale dizer que o mencionado serviço é utilizado para propriamente viabilizar a sua atividade comercial, configurando inegável consumo intermediário (operação de meio). [...] (Brasil, 2018c)

Em razão de algumas características, é possível distinguir contrato de transporte regular de cargas do contrato de fretamento, pois ambos têm a função de efetivar o transporte necessário ao empresário: o deslocamento de mercadorias de um destino ao outro. O contrato de transporte é exercido pelas chamadas *empresas transportadoras*, as quais se obrigam pela transferência das mercadorias e, conforme a especialização, podem ser por qualquer meio, rodoviário, aquaviário ou aéreo. Já no contrato de fretamento, não se faz apenas os serviços de transferência das mercadorias expedidas ao destinatário, mas utiliza-se uma embarcação, total ou parcial, para suas viagens, visto que há a necessidade de ocupação de um espaço no interior da embarcação por parte do contratante, aqui chamado de *expedidor*. Normalmente, é operado diretamente por armadores de navios ou empresas de navegação (Negrão, 2018).

Por fim, o transporte de cargas pode ser unimodal. O mais comum é o rodoviário, mas, se envolver mais de um meio de transporte desde a origem até o destino, é chamado de *multimodal*, sendo executado por um único operador de transporte multimodal, como disposto no art. 2º da Lei n. 9.611, de 19 de fevereiro de 1998 (Brasil, 1998).

b. **Coisa ou mercadoria**

A mercadoria é sempre um objeto material, podendo até mesmo ser um animal, mas com constituição física para que possa ser efetivamente transportado.

O transportador poderá receber a coisa, ou mercadoria, em depósito e sob seus cuidados (arts. 629 e 751 do Código Civil), para que, em momento posterior, possa levá-las ao destino contratado.

Como veremos, há responsabilidade do transportador, devendo, então, ser devidamente individualizada a mercadoria a ser transportada por sua natureza, seu valor, seu peso e sua quantidade. Da mesma forma, como há interesse objetivo do contratante em receber ou enviar ao destino sua mercadoria, devem, juntamente à mercadoria, ser indicados os dados do destinatário, ao menos nome e endereço (art. 743 do Código Civil).

A operação de individualização viabiliza a prova do recebimento da mercadoria por parte do transportador, o que também é denominado *conhecimento de transporte* ou *conhecimento de frete*.

A necessidade da expedição do conhecimento de transporte está disciplinada no art. 744 do Código Civil:

> Art. 744. Ao receber a coisa, o transportador emitirá conhecimento com a menção dos dados que a identifiquem, obedecido o disposto em lei especial.
>
> Parágrafo único. O transportador poderá exigir que o remetente lhe entregue, devidamente assinada, a relação discriminada das coisas a serem transportadas, em duas vias, uma das quais, por ele devidamente autenticada, ficará fazendo parte integrante do conhecimento. (Brasil, 2002)

Essa identificação, exigida pela lei, tem sua importância, como se verificam em algumas legislações: "terrestre (art. 2º do Decreto n. 19.413/30), marítimo (art. 575 do Código

Comercial), aéreo (art. 235 da Lei n. 7.565/86) e multimodal (art. 10 da Lei n. 9.611/98)" (Negrão, 2018, p. 298).

Além disso, ao ser identificada a mercadoria, haverá a limitação do valor devido do eventual seguro ou responsabilidade do transportador em caso de perda ou avaria (art. 750 do Código Civil), bem como poderá ser emitido um título de crédito impróprio, chamado de *conhecimento de frete*, o qual tem possibilidade de circulação, como veremos a seguir.

c. **Remuneração**

Diante de um contrato oneroso, o transportador receberá pelo seu serviço de transporte a remuneração, a qual também é chamada de *frete*.

Esse valor é pactuado livremente entre contratante e transportador e calculado conforme a mercadoria a ser despachada ou, se for preciso, depositado junto ao transportador até seu envio ao local do destino.

Diante de qualquer modificação posterior à entrega junto ao transportador até a entrega da coisa ao seu destinatário, pode "o remetente desistir do transporte e pedi-la de volta, ou ordenar seja entregue a outro destinatário, pagando, em ambos os casos, os acréscimos de despesa decorrentes da contra-ordem, mais as perdas e danos que houver", como disciplinado no art. 748 do Código Civil (Brasil, 2002).

Verificamos que a contratação do transporte e a pactuação do frete torna obrigatória a realização do contrato, por ser este bilateral, podendo ser emitido o conhecimento de transporte ou frete, o qual instrumentalizará o crédito referente a esse negócio.

Importante salientar que, em caso de falência do contratante que não efetive o pagamento do frete, o transportador tem o privilégio especial sobre as mercadorias transportadas, na forma do art. 83, inciso IV, alínea "b", da Lei n. 11.101/2005.

Como título representativo, o conhecimento de transporte é emitido à ordem (exceto nos casos de cláusula expressa ao portador) por empresa de transporte aéreo, terrestre ou marítimo, a qual concede a seu titular o direito ao transporte e à entrega do produto nele descrito. É considerado título representativo por ser causal, indicativo da coisa transportada, mas não tem força executiva, pois não está incluído no rol do art. 784 do Código de Processo Civil.

A doutrina (Martins, 2018) tem aceitado que a legislação especial de referência para os requisitos do conhecimento de transporte passou a ser a Lei n. 9.611/1998, que assim especificou em seu art. 10:

> Art. 10. O Conhecimento de Transporte Mulimodal de Cargas apresentará as características e dados próprios deste documento, devendo explicitar o valor dos serviços prestados no Brasil e no exterior, e conter:
>
> I – a indicação "negociável" ou "não negociável" na via original, podendo ser emitidas outras vias, não negociáveis;

II – o nome, a razão ou denominação social e o endereço do emitente, do expedidor, bem como do destinatário da carga ou daquele que deva ser notificado, quando não nominal;

III – a data e o local da emissão;

IV – os locais de origem e destino;

V – a descrição da natureza da carga, seu acondicionamento, marcas particulares e números de identificação da embalagem ou da própria carga, quando não embalada;

VI – a quantidade de volumes ou de peças e o seu peso bruto;

VII – o valor do frete, com a indicação "pago na origem" ou "a pagar no destino";

VIII – outras cláusulas que as partes acordarem. (Brasil, 1998)

Cumpridos esses requisitos, emitido o conhecimento, este pode ser utilizado pelo transportador como título de crédito, o que facilita a circulação das riquezas, pois

> o conhecimento permite a circulação rápida e ágil das mercadorias, sem sua movimentação física, com a simples circulação do próprio título. Embora o transporte hoje seja mais ágil do que foi no passado, é certo que ainda há a possibilidade de certa demora, durante a qual o conhecimento seria essencial para a circulação das mercadorias. (Tomazette, 2017, p. 490)

E, como título de crédito, este pode ser transacionado por meio do endosso (art. 910 do Código Civil).

— 5.6.2 —
Obrigações

As obrigações do **contratante** desse tipo de contrato são:

- Pagar o preço dos serviços prestados, o frete, que deve ser efetuado no valor e no prazo ajustados, visto que já cumprido o contrato por parte do transportador. Usualmente, nomeiam-se *pagamento antecipado* o frete pago e *pagamento posterior* o frete a pagar, o que impacta também as cláusulas de contratos de compra e venda, como nas Incoterms.
- Prestar informações corretas sobre a coisa a ser transportada em função de sua natureza, seu valor, seu peso e sua quantidade, como disposto no art. 743 do Código Civil.
- Quando solicitado, relacionar por escrito as coisas a serem transportadas, subscrevendo o documento em duas vias, nos termos do art. 744 do Código Civil.
- Embalar adequadamente a coisa a ser transportada, como forma de evitar qualquer risco ao transportador ou a terceiros, sob pena de ser recusada pelo transportador (art. 746 do Código Civil).
- Apresentar, com a coisa a ser expedida, documentos que sejam exigidos por lei ou regulamento, uma vez que não se pode imputar responsabilidade a terceiro (art. 747 do Código Civil).

Por sua vez, as obrigações do **transportador** são:

- Receber as mercadorias objeto de contrato no local e na data estabelecidos de comum acordo com o contratante dos

serviços de transporte. Somente poderá recusar se houver falta de embalagem adequada (art. 746 do Código Civil) ou se não estiver acompanhado de documentos exigidos por lei ou regulamento (art. 747 do Código Civil).
- Entregar as mercadorias no local destinado e na data fixados de comum acordo com o contratante.
- Zelar pela integridade dos bens transportados, desde o recebimento até a entrega (art. 749 do Código Civil), respondendo por perdas e avarias ocorridas durante o período, provada culpa ou dolo, nos termos do art. 750 do Código Civil.
- Observar o itinerário contratado, se houver. Essa é uma cláusula incomum, mas que pode vir a ser condicionada, e o não cumprimento pode gerar perdas e danos (Martins, 2018).
- Emitir o conhecimento de frete ou de transporte, que é o documento probante do recebimento da mercadoria pelo transportador e que servirá para a ser retirado pelo destinatário.

— 5.6.3 —
Responsabilidade do transportador

A responsabilidade do transportador inicia-se quando recebe a mercadoria e termina na efetiva entrega ao destinatário ou em juízo (art. 750 do Código Civil).

Se não conseguir concluir ou por interrupção longa (art. 753 do Código Civil), o transportador deverá, de imediato, informar o contratante e zelar pela mercadoria, sob pena de responder por perdas e danos.

Ao receber a mercadoria no destino, esta deve ser verificada quanto a qualquer avaria. O prazo decadencial para o contratante reclamar de avarias na mercadoria transportada é de dez dias (art. 754, parágrafo único, do Código Civil).

— 5.6.4 —
Recusas

A recusa pode ser **documental**, quando o transportador recusar a mercadoria cujo transporte ou comercialização não sejam permitidos ou que venha desacompanhada dos documentos exigidos por lei ou regulamento (art. 747 do Código Civil).

A inobservância dessa cautela pode sujeitá-lo às sanções penais, tais como sofrer processo criminal por receptação. Exemplificando, é objetiva a responsabilidade imposta a transportadores flagrados com mercadorias importadas sem a regular prova de sua importação, ou seja, pode ser configurado o crime de descaminho.

Por outro lado, a recusa pode ser **física** quando o transportador recusar a coisa cuja embalagem esteja inadequada ou possa pôr em risco a saúde das pessoas, danificar o veículo ou outros bens (art. 746 do Código Civil).

Para refutar a responsabilidade, será preciso comprovar que eventual inadequação da embalagem é de encargo do expedidor.

Vale relembrar que, uma vez na posse da mercadoria para transporte, a empresa transportadora torna-se depositária dela, respondendo por qualquer dano (art. 750 do Código Civil).

— 5.7 —
Representação comercial

O art. 1º da Lei n. 4.886, de 9 de dezembro de 1965, assim dispõe:

> Art. 1º Exerce a representação comercial autônoma a pessoa jurídica ou a pessoa física, sem relação de emprego, que desempenha, em caráter não eventual por conta de uma ou mais pessoas, a mediação para a realização de negócios mercantis, agenciando propostas ou pedidos, para, transmiti-los aos representados, praticando ou não atos relacionados com a execução dos negócios. (Brasil, 1965c)

Trata-se de um importante contrato de auxílio e colaboração do empresário, pois coloca de forma estratégica o agente captador de clientes e novos negócios de venda e serviços.

Ainda que brevemente regulado no Código Civil, nos arts. 710 a 721, há lei especial, a Lei n. 4.886/1965, que também regula e que, não conflitando, torna-se mais ampla para o estudo dos contratos empresariais.

Há também a regulamentação da atividade do representante comercial com a profissionalização da representação comercial por meio da criação dos Conselhos Federal e Regionais de

Representantes Comerciais (art. 6º da Lei n. 4.886/1965), bem como a obrigatoriedade do registro de representante comercial (art. 2º da Lei n. 4.886/1965).

— 5.7.1 —
Requisitos

Algumas características e requisitos específicos estão presentes nesse tipo de contrato. Vejamos.

a. **Profissionalismo e habitualidade**

O representante comercial pode ser pessoa física ou jurídica (art. 3º da Lei n. 4.886/1965), mas sempre agirá de forma profissional o agenciamento de negócios, efetivando pedidos e propostas de quem queira contratar e encaminhando ao representado.

Nos termos do art. 2º da Lei n. 4.886/1965, é preciso estar devidamente registrado no respectivo conselho de classe, observando os requisitos do art. 3º da mesma lei para tal inscrição.

Entretanto, o art. 4º da Lei n. 4.886/1965 apresenta impedimentos para atuar como representante, pois, para ser representante comercial, deve-se ter as mesmas características do comerciante comum: não ser falido ou, se falido, estar reabilitado da falência; não ter condenação penal de natureza infamante ao comércio; e não estar com seu registro comercial cancelado por penalidade.

Os atos profissionais do representante devem ser habituais e não esporádicos, como se espera da atividade empresária. Observamos que o representante comercial (tanto autônomo quanto pessoa jurídica), em virtude do profissionalismo ínsito da atividade empresária organizada para a circulação de bens (art. 966 do Código Civil), assume riscos próprios da atividade, que independem da empresa representada.

b. **Autonomia**

O representante comercial age com autonomia no exercício de sua atividade, ou seja, não há subordinação hierárquica do representante para com o representado, que atua "sem vínculos de dependência", conforme o art. 710 do Código Civil (Brasil, 2002). Assim, afasta-se qualquer relação de trabalhista que demandaria, nos termos do art. 3º da CLT, habitualidade, dependência e salário.

Mesmo que existam instruções do representado ao representante, este as realiza em seu proveito e sob seu risco, já que a intenção de cumprir as diretrizes do representado é em busca da remuneração, da manutenção das vendas e da ampliação da intermediação de novos negócios, o que trará benefícios diretos a ambos os contratantes.

c. **Certos negócios**

O Código Civil, no art. 710, ampliou a possibilidade de efetivar "certos negócios", pois a principal atividade do representante comercial é agenciar negócios para ao representado. A mercantilidade dos negócios que o representante agencia para o representado faz parte da venda, seja de produtos, seja de serviços, então, depreendemos que a expressão *certos negócios* deve ser interpretada efetivamente "com leitura que deve ser atualizada para negócios empresariais" (Martins, 2018, p. 240).

Importante que seja indicado genericamente o alcance dos negócios na indicação da coisa (produto ou artigo) ou do serviço a ser intermediado (art. 27, alínea "b", da Lei n. 4.886/1965), definindo-se o que será objeto da intermediação, o qual pode incluir ou excluir a aproximação com a clientela.

d. **Delimitação de zonas**

O representante comercial, ao fomentar seu negócio, investe para alcançar seus objetivos, em especial o lucro, com gerenciamento local, pesquisa de mercado e abertura de novos compradores.

Em razão dessa condição de negócio, em que o risco, a autonomia e o profissionalismo estão presentes, representante e representado devem delimitar a área de atuação para que o desenvolvimento da intermediação ocorra de forma objetiva, em retorno direto ao representante, com novos agenciamentos e ampliação dos mercados do representado.

Com essa limitação geográfica, ou por zonas, o representante não deve expandir onde já fora excluído pelo representado, nem o representado deve efetivar negócios diretos ou por meio de outros representantes, pois nesses locais já houve todo o investimento do representante.

Em caso de descumprimento dessa cláusula por parte do representado, este será responsabilizado a pagar a remuneração pela efetiva colaboração no agenciamento desses novos pedidos, como se verifica do art. 31 da Lei n. 4.886/1965:

> Art. 31. Prevendo o contrato de representação a exclusividade de zona ou zonas, ou quando este for omisso, fará jus o representante à comissão pelos negócios aí realizados, ainda que diretamente pelo representado ou por intermédio de terceiros
>
> Parágrafo único. A exclusividade de representação não se presume na ausência de ajustes expressos. (Brasil, 1965c)

E, pela seriedade com que se mostra a delimitação geográfica dos atos de intermediação do representante comercial, esta deve ser expressa, uma vez que "a cláusula de exclusividade de zona é, em síntese, o segredo, no mais das vezes, para o sucesso de um contrato de colaboração" (Teixeira, 2016, p. 669).

e. **Exclusividade**

Da mesma forma que há limitação contratual quanto ao espaço geográfico para a atuação do representante, em respeito à autonomia privada e à livre iniciativa, pode também ser adequada a exclusividade quanto ao produto ou gênero de negócios, bem como a atuação de intermediação.

A empresa representada, como forma de ampliar seus negócios e no interesse do representante, retira a exclusividade de local e absorve na mesma zona geográfica mais de um representante comercial. Como já afirmamos, deverá ser expressa essa cláusula para que não conflite, bem como aplicada a cobrança de todas as intermediações na área do representante.

A exclusividade da representação pode ocorrer quanto ao gênero de negócios, tendo em vista que, como forma de dinamizar os negócios do representado, este não autoriza ao representante a intermediação de produtos de outra empresa e, assim, evita a configuração de concorrência. Pode, por exemplo, a limitação a produtos têxteis, mas pode atender outra representação de alimentos.

Essa vedação contratual deve ser expressa, pois, não ocorrendo, o representante poderá atuar em outros ramos de negócios (art. 41 da Lei n. 4.886/1965).

f. **Remuneração**

A remuneração do representante comercial é livremente pactuada pelos contratantes, sendo devida pela intermediação dos negócios do representado, chamada de *comissão*. Usualmente, é baseada nas vendas efetuadas, pois a remuneração é calculada de acordo com as vendas e o total das mercadorias, "quando do pagamento dos pedidos e propostas", como prevê o art. 32 da Lei n. 4.886/1965 (Brasil, 1965c). Calculadas, deverão, então, ser pagas "até o dia 15 do mês subsequente da liquidação da fatura", e se não pagas, serão "corrigidas monetariamente", como dispõe o art. 32, parágrafos 1º e 2º, da Lei n. 4.886/1965 (Brasil, 1965c).

Além dessas características, o art. 27 da Lei n. 4.886/1965 apresenta os elementos **obrigatórios** que devem constar no contrato de representação comercial:

- Condições e requisitos gerais da representação: definir cláusula do objeto da representação, prestação de informações, visitação de clientes e instruções de negócios do representado ao representante.
- Indicação genérica ou específica dos produtos ou artigos objeto da representação: apresentação da lista de produtos ou serviços do representado para intermediação e os valores aplicáveis.
- Prazo certo ou indeterminado da representação: a contratação poderá ocorrer por prazo certo ou indeterminado. Ainda que seja por prazo determinado, suplantando o prazo de 6 meses, este se transformará em prazo indeterminado (art. 27, §§ 2º e 3º, da Lei n. 4.886/1965).
- Indicação da zona ou das zonas em que será exercida a representação: a importância aqui se revela em razão da remuneração calculada, bem como da atuação e da fiscalização da representação.
- Garantia ou não, parcial ou total, ou por certo prazo, da exclusividade de zona ou setor de zona: ao definir a garantia, é preciso prever se impede ou não outros representantes, na mesma zona geográfica.
- Retribuição e época do pagamento, pelo exercício da representação, dependente da efetiva realização dos

negócios, e recebimento, ou não, pelo representado, dos valores respectivos: a pactuação sobre a forma de calcular a retribuição, se fixa ou em percentual sobre as vendas, e sobre o pagamento em caso de inadimplência do cliente do representado.

- Casos em que se justifique a restrição de zona concedida com exclusividade: eventual restrição em zona deve ser expressa, como ocorre quando já há vendas diretas do representado, em que não faz jus o representante.
- Obrigações e responsabilidades das partes contratantes: especificações das cláusulas do contrato que importem em obrigações, como periodicidade de prestação de contas, estratégias de visitas e comercialização, sigilo comercial, fornecimento de amostras etc.
- Exercício exclusivo, ou não, da representação a favor do representado: liberdade ou não de o representante poder atender a outras empresas ou se será somente intermediador do representante. Pode até mesmo ocorrer a limitação somente a uma linha de produtos, mas não para outras, desde que não configure concorrência.
- Indenização devida ao representante pela rescisão do contrato fora dos casos previstos no art. 35 da Lei n. 4.886/1965, cujo montante não será inferior a 1/12 do total da retribuição auferida durante o tempo em que exerceu a representação: a compensação pelo término do contrato é uma cláusula protetiva de obrigatória aplicabilidade.

— 5.7.2 —
Deveres

Os deveres do **representante comercial** são:

- Agir como representante comercial, ou seja, angariar negócios para o representado, logicamente dependendo "das condições mercado, qualidade ou utilidade das mercadorias postas à venda etc., não pode de regra o representante obrigar-se a realmente enviar ao representado certo número de propostas ou pedidos" (Martins, 2018, p. 242).

  Entretanto, se houver cláusula de mínimo de produção e for adequada às regras de mercado, pode tornar-se obrigatória.

- Fornecer ao representado, quando lhe for solicitado, informações detalhadas sobre o andamento dos negócios a seu cargo, devendo dedicar-se à representação, de modo a expandir os negócios do representado e promover seus produtos (art. 28 da Lei n. 4.886/1965).

- Não conceder abatimentos, descontos ou prorrogações (art. 29 da Lei n. 4.886/1965), ou seja, seguir as instruções do representado, agindo com diligência.

- Observar a exclusividade da representação expressamente ajustada.

- Não praticar atos que caracterizem desídia profissional, o que acarreta o não cumprimento das obrigações de intermediação requerida pelo contrato.

Os deveres do **representado** são:

- Pagar as comissões do representante até o dia 15 do mês subsequente ao da liquidação da fatura (art. 32, § 1º, da Lei n. 4.886/1965).
- Pagar a comissão devida ao representante, se o comprador não manifestar recusa por escrito (art. 33 da Lei n. 4.886/1965).
- Respeitar a cláusula de exclusividade de zona, sob pena de efetuar o pagamento ao representante (art. 31 da Lei n. 4.886/1965).
- Não reduzir a zona de atividade do contrato de representação comercial (art. 36, "a", da Lei n. 4.886/1965).
- Em caso de eventual falência, o representado deverá dar tratamento de crédito privilegiado ao crédito do representado (art. 44 da Lei n. 4.886/1965).

— 5.7.3 —
Justa causa para rescisão

Os motivos para que o **representado** possa pedir a rescisão da representação comercial são:

- a desídia do representante no cumprimento das obrigações decorrentes do contrato;
- a prática de atos que importem em descrédito comercial do representado;
- a falta de cumprimento de quaisquer obrigações inerentes ao contrato de representação comercial;

- a condenação definitiva por crime considerado infamante;
- força maior (art. 35 da Lei n. 4.886/1965).

Os motivos para que o **representante** possa pedir a rescisão da representação comercial são:

- redução de esfera de atividade do representante em desacordo com as cláusulas do contrato;
- quebra, direta ou indireta, da exclusividade, se prevista no contrato;
- fixação abusiva de preços em relação à zona do representante, com o exclusivo escopo de impossibilitar-lhe ação regular;
- não pagamento de sua retribuição na época devida;
- força maior (art. 36 da Lei n. 4.886/1965).

— 5.7.4 —
Cuidados

A remuneração do represente comercial é decorrente das intermediações, mas este não é responsável pela inadimplência do comprador. Caso ocorra inadimplência, somente será sustado o pagamento da comissão, mas não a responsabilização pelo pagamento do produto.

Há uma cláusula protetiva que remete o foro competente para o domicílio do representante comercial (art. 39 da Lei n. 4.886/1965). No entanto, como se trata de contratos empresariais, a disposição de vontade das partes se mostra válida, a exemplo do que já enfrentou o STJ nos Embargos de Divergência em Recurso Especial n. 579.324/SC:

> DIREITO COMERCIAL. REPRESENTAÇÃO COMERCIAL. ART. 39 DA LEI N. 4.886/65. COMPETÊNCIA RELATIVA. ELEIÇÃO DE FORO. POSSIBILIDADE, MESMO EM CONTRATO DE ADESÃO, DESDE QUE AUSENTE A HIPOSSUFICIÊNCIA E OBSTÁCULO AO ACESSO À JUSTIÇA.
> – A Lei n. 4.886/65 tem nítido caráter protetivo do representante comercial.
> – Na hipótese específica do art. 39 da Lei n. 4.886/95, o objetivo é assegurar ao representante comercial o acesso à justiça.
> – A competência prevista no art. 39 da Lei n. 4.886/65 é relativa, podendo ser livremente alterada pelas partes, mesmo via contrato de adesão, desde que não haja hipossuficiência entre elas e que a mudança de foro não obstaculize o acesso à justiça do representante comercial.
> – Embora a Lei n. 4.886/65 tenha sido editada tendo em vista a realidade vivenciada pela grande maioria dos representantes comerciais, não se pode ignorar a existência de exceções. Em tais circunstâncias, ainda que a relação entre as partes continue a ser regulada pela Lei n. 4.886/65, esta deve ser interpretada e aplicada como temperança e mitigação, sob pena da norma se transformar em instrumento de beneficiamento indevido do representante em detrimento do representado. [...] (Brasil, 2008b)

Importante tema a ser observado é quanto ao término do contrato, bem como no que se refere à busca por eventual reparação de danos ou percepção de valores não pagos. Conforme expresso no art. 44, parágrafo único, da Lei n. 4.886/1965, opera-se a prescrição no prazo de 5 anos.

Novamente temos o entendimento do STJ, que, no Agravo Interno no Agravo em Recurso Especial n. 443.147/PR, reconhece o prazo prescricional correndo mês a mês quando do vencimento da remuneração devida e não paga:

> REPRESENTAÇÃO COMERCIAL. NEGATIVA DE PRESTAÇÃO JURISDICIONAL. NÃO OCORRÊNCIA. AÇÃO DE COBRANÇA. DIFERENÇAS DE COMISSÕES. VENCIMENTO MÊS A MÊS. PRESCRIÇÃO PARCIAL RECONHECIDA. VALOR DAS MERCADORIAS. EXCLUSÃO DOS TRIBUTOS. IMPOSSIBILIDADE. SÚMULA 83. QUITAÇÃO TÁCITA. VIOLAÇÃO DO PRINCÍPIO DA BOA-FÉ. ALTERAÇÃO UNILATERAL DO CONTRATO. [...]
>
> 4. A pretensão do representante comercial para cobrar diferenças de comissões prescreve mês a mês, estando sujeita ao prazo quinquenal (Lei 4.886/65, art. 44). [...] (Brasil, 2017b)

E, concluindo, a denúncia do contrato, nos termos do art. 34 da Lei n. 4.886/1965, deve ser feira "com antecedência mínima de trinta dias" (Brasil, 1965c). Contudo, por ser norma posterior, o Código Civil, no art. 720, afirma que "qualquer das partes poderá resolvê-lo, mediante aviso prévio de noventa dias" (Brasil, 2002), claramente sendo mais favorável ao próprio negócio, deve ser aplicado o prazo de 90 dias.

— 5.8 —
Distribuição

Sobre a distribuição, o art. 710 do Código Civil assim dispõe:

> Art. 710. Pelo contrato de agência, uma pessoa assume, em caráter não eventual e sem vínculos de dependência, a obrigação de promover, à conta de outra, mediante retribuição, a realização de certos negócios, em zona determinada, caracterizando-se a distribuição quando o agente tiver à sua disposição a coisa a ser negociada. (Brasil, 2002)

Há aqui uma similaridade com o contrato de representação comercial, mas deste se diferencia inicialmente pela não aplicação da Lei n. 4.886/1965 e, em segundo lugar, em razão da colaboração econômica, que ocorre pela coisa adquirida pelo distribuidor no intuito de venda, ou seja, adquire o produto da empresa distribuída, com uma compra e venda indireta, para que alcance o mercado consumidor.

Forgioni (2008, p. 116), ao tratar do contrato de distribuição, afirma que este é

> um acordo vertical, pelo qual um agente econômico (fornecedor) obriga-se ao fornecimento de certos bens ou serviços a outro agente econômico (distribuidor), para que este os revenda, tendo como proveito econômico a diferença entre o preço de aquisição e de revenda e assumindo obrigações voltadas à satisfação das exigências do sistema de distribuição do qual participa.

Distribuidor e fornecedor têm interesses em comum, que se traduzem pela colocação do produto distribuído no mercado consumidor, pois, quanto maiores forem as vendas, mais haverá em lucros para ambos os contratantes.

Brevemente regulado no Código Civil, nos arts. 710 a 721, o contrato de distribuição tem suas características específicas, as quais continuam sendo moldadas pelas práticas do mercado, "ainda havendo ampla margem para a autonomia da vontade das partes" (Martins, 2018, p. 245).

— 5.8.1 —
Elementos

Os elementos da distribuição são:

- Uma parte empresária é fabricante ou produtor, chamado de *fornecedor*.
- A outra parte empresária tem, em seu objeto social, a compra e venda de mercadorias e fará a venda dos produtos do fornecedor, chamado de *distribuidor*.
- Não há dependência econômica entre fornecedor e distribuidor.
- Há prática de compras reiteradas e de forma continuada, com ou sem quantidades mínimas.
- As partes condicionam a zona geográfica de atuação do distribuidor, conforme a ressalva do art. 714 do Código Civil, com a exclusividade necessária ao investimento e retorno pactuados.

- Nos termos do art. 713 do Código Civil, as despesas são do distribuidor, mas, em decorrência da constância das compras, podem ser pactuadas vantagens de preços e promoções adequadas às metas mensais.

Diante da autonomia da vontade das partes e no claro interesse de ampliar as margens de lucro, os contratantes podem condicionar:

> a) a exclusividade de novos produtos do fornecedor.
>
> b) o sigilo das informações trocadas, com relação aos negócios e produtos.
>
> c) a autorização do distribuidor para a utilização de logotipo e sinais distintivos da fornecedora, como forma de fortalecer a presença da marca.
>
> d) a forma de fazer publicidade, quanto a campanhas publicitárias conjunta e os custos decorrentes, pois buscam uma ampliação da divulgação e um maior retorno comercial.
>
> e) bloqueio de comercialização paralela. (Martins, 2018, p. 245)

— 5.8.2 —

Remuneração

O fornecedor e o distribuidor formalizam contrato em área exclusiva para a colocação de produtos no mercado consumidor. O distribuidor, por meio de um contrato de compra e venda, adquire os produtos do fornecedor por preço previamente ajustado e diferenciado em relação ao mercado consumidor.

Com a propriedade do bem, o distribuidor efetiva a venda ao adquirente, percebendo, por essa venda, o valor que melhor satisfizer a negociação ou o valor eventualmente pactuado com o fornecedor, mas que garanta o proveito econômico, que é a diferença entre o preço de aquisição e o preço de venda.

— 5.8.3 —
Proteção da expectativa da continuidade do contrato

Na atuação do contrato de distribuição, mesmo não havendo estrita dependência econômica, verificamos alguma dependência econômica, à qual se deve à influência do nível de investimento realizado e ao mercado fortemente utilizado pelo fornecedor. Entretanto, o grau de dependência não invalida o contrato de distribuição, devendo apenas ser coibido eventual abuso.

Para proteger o distribuidor, normalmente a parte mais frágil na relação empresarial de distribuição, o Código Civil estabelece que:

- o distribuidor tem direito à indenização se o fornecedor, sem justa causa, cessar o atendimento das propostas ou reduzi-lo tanto que se torne antieconômica a continuação do contrato (art. 715 do Código Civil); e

- a remuneração será devida ao distribuidor também quando o negócio deixar de ser concluído por fato imputável ao fornecedor (art. 716 do Código Civil).

— 5.8.4 —
Prazo para denúncia e extinção do contrato

Qualquer das partes pode requerer a rescisão do contrato, efetivando, no prazo de 90 dias (art. 720 do Código Civil), aviso prévio.

No entanto, como é comum que ocorra investimento de vulto, muitas vezes requerido pelo fornecedor, o prazo pode ser ampliado, impedindo um comportamento desleal e abusivo.

O término do contrato pode concretizar-se a termo, caso haja prazo certo, ou de forma acordada. Não sendo devidamente resolvido o contrato, caberá à parte lesada a indenização, como já decidiu o STJ no Recurso Especial n. 1.320.870/SP:

> RECURSO ESPECIAL. DIREITO CIVIL. AÇÃO INDENIZATÓRIA. CONTRATO DE DISTRIBUIÇÃO DE BEBIDAS. RESILIÇÃO UNILATERAL. DENÚNCIA MOTIVADA. JUSTA CAUSA. VALIDADE DE CLÁUSULAS CONTRATUAIS. ATO ILÍCITO. INEXISTÊNCIA. DEVER DE INDENIZAR. NÃO CONFIGURAÇÃO. LEI N. 6.729/1973 (LEI FERRARI). INAPLICABILIDADE.
>
> 1. Ação indenizatória promovida por empresa distribuidora em desfavor da fabricante de bebidas objetivando reparação por danos materiais e morais supostamente suportados em virtude da ruptura unilateral do contrato de distribuição que

mantinha com a recorrente (ou integrantes do mesmo grupo empresarial), de modo formal, desde junho de 1986.

2. Acórdão recorrido que, apesar de reconhecer que a rescisão foi feita nos exatos termos do contrato, de forma motivada e com antecedência de 60 (sessenta dias), concluiu pela procedência parcial do pleito autoral indenizatório, condenando a fabricante a reparar a distribuidora por parte de seu fundo de comércio, correspondente à captação de clientela. [...] (Brasil, 2017e)

Ainda, diante da rescisão do contrato, poderá essa indenização alcançar investimentos, publicidade, verbas trabalhistas, estoque e a clientela.

Por fim, ressaltamos que o contrato de distribuição é bastante utilizado, ainda que pouco regulado, mas é de grande importância para fomentar a ampliação da circulação de riquezas. O direito empresarial, aqui, socorre-se dos princípios e das regras de interpretação como forma de equilibrar as relações entre fornecedor e distribuidor.

— 5.9 —
Concessão mercantil

A concessão mercantil é contrato de colaboração por meio do qual o fornecedor-concedente vende os produtos aos concessionários, o qual os revende em nome próprio, incluindo ao concedente uma rede de assistência técnica vinculada, autorização de ostentação de marca e certa perda de autonomia. Trata-se de empresas distintas, com contratos interempresariais, sem subordinação ou hierarquia, mas com ingerência do fornecedor ou concedente junto à atividade exercida pelo concessionário.

A distribuição é ainda genericamente tratada como contrato atípico, visto que há pouca regulação existente no regramento legal. Contudo, a concessão mercantil em revenda de veículos, "exceção ao caráter de atipicidade destes contratos" (Negrão, 2018, p. 208), tem regimento legal instituído pela Lei n. 6.729, de 28 de novembro de 1979, também conhecida como Lei Ferrari (Brasil, 1979).

A concessão mercantil difere da distribuição, uma vez que naquela há ingerência do concedente na atividade do concessionário. O art. 10 da Lei n. 6.729/1979 assim estabelece: "O concedente poderá exigir do concessionário a manutenção de estoque proporcional à rotatividade dos produtos novos, objeto da concessão, e adequado à natureza dos clientes do estabelecimento, respeitados os limites prescritos nos §§ 1º e 2º seguintes" (Brasil, 1979).

No contrato de concessão entre produtores e distribuidores de veículos automotores, pactua-se de forma escrita e padronizada, já que se busca uma gama de concessionários, por marca, especificação de produtos, quantidades mínimas, demarcação de área geográfica de atuação e distância mínima entre os concessionários. Ainda, como vimos, há certa ingerência nos negócios do concessionário pelo fornecedor, que requisita condições financeiras adequadas, organização administrativa e contábil vinculada ao sistema do fornecedor, além de capacidade técnica com instalações, equipamentos e mão de obra para prestar assistência técnica comum ao fornecedor (art. 20 da Lei n. 6.729/1979).

Observamos que a referida concessão, nos termos do art. 2º da Lei 6.729/1979, tem como **produtor** "a empresa industrial que realiza a fabricação ou montagem de veículos automotores", e como **concessionário** ou distribuidor "a empresa comercial pertencente à respectiva categoria econômica, que realiza a comercialização de veículos automotores, implementos e componentes novos, presta assistência técnica a esses produtos e exerce outras funções pertinentes à atividade" (Brasil, 1979).

Com mais precisão, o art. 3º da Lei 6.729/1979 afirma que o **objeto** da concessão mercantil é: "I – a comercialização de veículos automotores, implementos e componentes fabricados ou fornecidos pelo produtor; II – a prestação de assistência técnica a esses produtos, inclusive quanto ao seu atendimento ou revisão; e III – o uso gratuito de marca do concedente, como identificação" (Brasil, 1979).

— 5.9.1 —
Zona de atuação

O art. 5º da Lei n. 6.729/1979 apresenta uma questão relevante inerente ao contrato de concessão mercantil, pois prevê a demarcação da área operacional em que o concessionário poderá exercer suas atividades. Esse limite evita a utilização regional por outro concessionário, bem como limita o fornecedor sobre as vendas, que, se agir diretamente ou por seus prepostos, deverá remunerar o concessionário. Isso ocorre no caso de vendas diretas, ou vendas pela internet, em que o concessionário também participa da remuneração.

Como forma de ampliação dos benefícios advindos pelos concessionários, os quais decorrem do potencial de mercado, utiliza-se como critério que se efetivem distâncias mínimas entre concessionários.

Pela abrangência dos produtos e dos serviços, ao consumidor não há qualquer limitação, podendo livremente exercer sua escolha quanto ao concessionário.

— 5.9.2 —
Proteção do concessionário

Há o limitador ao concedente de não efetivar venda direta ao consumidor como forma de resguardar a remuneração do concessionário. O art. 15 da Lei n. 6.729/1979 apresenta exceções para vendas diretas, as quais poderão ocorrer independentemente do concessionário quando a venda for para a "Administração Pública, direta ou indireta, ou ao Corpo Diplomático" ou para "outros compradores especiais, nos limites que forem previamente ajustados com sua rede de distribuição" (Brasil, 1979). Entretanto, o concessionário será remunerado por eventuais serviços técnicos de entrega e manutenções.

Para evitar uma disputa de preços entre fornecedor e distribuidores, os preços são fixados pelo concedente para venda aos concessionários, "preservando sua uniformidade e condições de pagamento para toda a rede de distribuição", conforme prevê o art. 13, parágrafo 2°, da Lei 6.729/1979 (Brasil, 1979). Entretanto, a venda entre concessionário e consumidor é de livre concorrência.

Há previsão de acordo coletivo entre concedente e rede concessionárias, o qual tem força de lei (art. 17 da Lei n. 6.729/1979). Os acordos coletivos são formalizados pelas convenções das categorias econômicas, as quais se vinculam a determinada marca e em defesa das negociações comuns em todo o território nacional, para

> Art. 18. [...]
>
> I – explicitar princípios e normas de interesse dos produtores e distribuidores de veículos automotores;
>
> II – declarar a entidade civil representativa de rede de distribuição;
>
> III – resolver, por decisão arbitral, as questões que lhe forem submetidas pelo produtor e a entidade representativa da respectiva rede de distribuição;
>
> IV – disciplinar, por juízo declaratório, assuntos pertinentes às convenções da marca, por solicitação de produtor ou entidade representativa da respectiva rede de distribuição. (Brasil, 1979)

— 5.9.3 —
Estoque

Para o exercício do contrato de concessão, o concessionário deverá efetivar os pedidos junto à concedente, os quais deverão corresponder à "quota de veículos automotores e enquadrar-se no índice de fidelidade de componentes", em prazo fixado, conforme prevê o art. 9º da Lei n. 6.729/1979 (Brasil, 1979).

Também o concedente poderá estabelecer a manutenção de estoque proporcional e a rotatividade de produtos adquiridos pelo concessionário e que supra a clientela do distribuidor (Coelho, 2012c).

Em clara intervenção no domínio econômico quanto à liberdade das partes em contratar, o art. 10, parágrafo 1º, da Lei n. 6.729/1979 traz ao contrato o equilíbrio da equação econômica em percentuais de limite de estoque:

> Art. 10. [...]
>
> § 1º É facultado ao concessionário limitar seu estoque:
>
> a) de veículos automotores em geral a sessenta e cinco por cento e de caminhões em particular a trinta por cento da atribuição mensal das respectivas quotas anuais por produto diferenciado, ressalvado o disposto na alínea b seguinte;
>
> b) de tratores, a quatro por cento da quota anual de cada produto diferenciado;
>
> c) de implementos, a cinco por cento do valor das respectivas vendas que houver efetuado nos últimos doze meses;

d) de componentes, o valor que não ultrapasse o preço pelo qual adquiriu aqueles que vendeu a varejo nos últimos três meses. (Brasil, 1979)

— 5.9.4 —
Extinção do contrato

O contrato de concessão deve ser condicionado a prazo indeterminado, mas, se pactuado em prazo determinado, este não poderá exceder 5 anos, devendo ser notificado no prazo de 180 dias antes do término. Se mantido, perdurará por prazo indeterminado (art. 21 da Lei n. 6.729/1979).

O prazo se deve à necessidade de retorno do investimento do concessionário e do concedente.

Como forma de proteger o concessionário quanto à recuperação de seu investimento, a não prorrogação pelo concedente o obriga a readquirir o estoque de veículos automotores e componentes novos, estes em sua embalagem original, pelo preço de venda à rede de distribuição, vigente na data de reaquisição, e comprar equipamentos, máquinas, ferramental e instalações necessários à concessão pelo preço de mercado correspondente ao estado em que se encontrarem e cuja aquisição o concedente determinou ou dela teve ciência por escrito sem lhe fazer oposição imediata e documentada, excluídos dessa obrigação os imóveis do concessionário (art. 23 da Lei n. 6.729/1979).

Em caso de distrato por acordo entre as partes, deve ser aplicado prazo necessário para a extinção das relações e operações do concessionário, prevendo o art. 22, parágrafo 2º, da Lei n. 6.729/1979 que não poderá ser inferior a 120 após a resolução.

Caso ocorra a rescisão do contrato por prazo indeterminado (art. 24 da Lei n. 6.729/1979) em virtude de causa dada pelo concedente, deverá haver reparação:

- por meio da reaquisição do estoque de veículos automotores, implementos e componentes novos, pelo preço de venda ao consumidor, vigente na data da rescisão contratual;
- mediante a compra dos equipamentos, máquinas, ferramental e instalações à concessão, pelo preço de mercado;
- via pagamento de perdas e danos, à razão de 4% do faturamento projetado para um período correspondente à soma de uma parte fixa de 18 meses e uma variável de 3 meses por quinquênio de vigência da concessão, devendo a projeção tomar por base o valor corrigido monetariamente do faturamento de bens e serviços concernentes à concessão, que o concessionário tiver realizado nos dois anos anteriores à rescisão;
- por intermédio de outras reparações que forem eventualmente ajustadas entre o produtor e sua rede de distribuição.

Por outro lado, se ocorrer a rescisão do contrato por prazo determinado (art. 25 da Lei n. 6.729/1979) em razão de infração do concedente, aplicam-se os mesmos deveres de reparação anterior, mas ele pagará perdas e danos a ser calculada sobre o faturamento projetado até o término do contrato e, se a concessão não tiver alcançado dois anos de vigência, a projeção tomará por base o faturamento até então realizado; e a satisfação das obrigações vincendas até o termo final do contrato rescindido.

Finalmente, como afirma o art. 27 da Lei n. 6.729/1979, os valores de reparação deverão ser pagos em até 60 dias da extinção da concessão, sujeitos a juros e à correção monetária.

— 5.10 —
Franquia

O contrato de franquia, também denominado *franchising*, engloba a prestação de serviços e a distribuição de produtos conforme as normas convencionadas entre os contratantes (que buscam o lucro), de modo a minimizar os riscos de transação, pois já há um negócio operando sob uma marca e um sistema. Aliás, para Bojunga (1990, p. 57)

> o *franchising* gera energia de trabalho, disposição para novos empreendimentos e resultados econômicos surpreendentes, que nenhuma forma de remuneração salarial jamais logrou alcançar. Este lado humano do sistema, resultado do desejo que as pessoas têm de ser, tanto quanto possível, donas de seu próprio negócio, levou a franquia a um desenvolvimento tão profícuo e rápido, quase inalcançável pelo conservadorismo jurídico.

Assim, no interesse de retorno da operação empresarial, o franqueado atua de forma independente e em nome próprio, e não como representante do franqueador, o que demonstra não haver hierarquia da relação empresarial, apenas certa dependência econômica relativa à autorização para uso do nome, título do estabelecimento, marcas distintivas e sistema de operação produtiva e comercial.

O art. 1º da Lei n. 13.966, de 26 de dezembro de 2019, estabelece:

> Art. 1º Esta Lei disciplina o sistema de franquia empresarial, pelo qual um franqueador autoriza por meio de contrato um franqueado a usar marcas e outros objetos de propriedade intelectual, sempre associados ao direito de produção ou distribuição exclusiva ou não exclusiva de produtos ou serviços e também ao direito de uso de métodos e sistemas de implantação e administração de negócio ou sistema operacional desenvolvido ou detido pelo franqueador, mediante remuneração direta ou indireta, sem caracterizar relação de consumo ou vínculo empregatício em relação ao franqueado ou a seus empregados, ainda que durante o período de treinamento. (Brasil, 2019b)

O contrato de franquia é um contrato híbrido em que se verifica cessão de marca, transferência de tecnologia, concessão e compra e venda.

Diante dessa peculiaridade, existia a Lei n. 8.955/1994, que regia o contrato de franquia, e que foi substituída pela nova legislação de franquias, a Lei n. 13.966/2019.

— 5.10.1 —
Elementos

Vejamos, a seguir, os elementos necessários à formalização de um contrato de franquia.

a. **Contratantes**

O franqueador é o detentor de *know-how* empresarial e de toda uma estrutura que envolve marca, produto e sistema produtivo, os quais podem ser disponibilizados em um contrato.

Para tanto, o franqueador precisa ter condição de empresário ou sociedade empresária, pois demanda a colocação no mercado de todo o sistema produtivo e comercial que será desenvolvido por outro contratante.

O franqueado também deverá ser empresário ou sociedade empresária, o qual busca contratar com o franqueador, podendo utilizar o sistema já operante e produtivo do negócio por meio de remuneração. Acrescenta Ramos (2017, p. 679):

> o contrato de franquia atende tanto aos interesses do franqueador, que consegue expandir seus negócios e divulgar sua marca sem necessitar investir na construção de novos pontos

de negócios, quanto aos interesses do franqueado, o qual se aproveita da "fama" do franqueador e de sua experiência administrativa e empresarial. [...] Essa subordinação, pois, diz respeito apenas à organização da atividade do franqueado, que deve seguir as orientações traçadas pelo franqueador, já que este tem total interesse de que os seus produtos mantenham a sua qualidade e sua marca conserve o "respeito" adquirido junto ao mercado consumidor.

Franqueador e franqueado são, inicialmente, independentes entre si, sem qualquer vínculo que não o contratual. Não há reconhecimento de sucessão empresarial, ou sucursal, já que, ainda que ostentem o nome empresarial, trata-se de sociedades diferentes, com autonomia jurídica e financeira distintas.

Contudo, há certa relatividade quanto à autonomia, tendo em vista que decorre da cessão de utilização de sistema produtivo e comercial, trazendo a obrigação do franqueado em praticar somente os atos autorizados pelo franqueador, como produtos, estratégia de *marketing*, fornecedores, informes financeiros e utilização de padrões. No entanto, isso tudo não tem o condão de desnaturar a autonomia e a independência do franqueado (Martins, 2018).

Dessa forma, "no contrato de franquia, o franqueado renuncia, em parte, à sua liberdade de comerciante autônomo, para obter, em troca, a assistência, experiência e proteção do franqueador" (Redecker, 2002, p. 442).

Importante: a relação havida entre franqueador e franqueado é sempre uma relação interempresarial, antes por entendimento jurisprudencial e, atualmente, por expressa disposição legal do art. 1º da Lei 13.966/2019: "sem caracterizar relação de consumo ou vínculo empregatício em relação ao franqueado ou a seus empregados" (Brasil, 2019b). Lembre-se sempre: a franquia é uma operação empresarial, envolve riscos e busca lucro.

b. **Objeto**

O art. 1º da Lei 13.966/2019 estabelece que o objeto da franquia é a possibilidade de usar marcas e outros objetos de propriedade intelectual que tenham associação à produção e à distribuição de produtos ou serviços. Também se inclui o direito de uso de métodos e sistemas de implantação e administração de negócio ou sistema operacional desenvolvido ou detido pelo franqueador.

Há uma novidade no atual texto legal que consta no parágrafo 1º do art. 1º da Lei n. 13.966/2019: "Para os fins da autorização referida no caput, o franqueador deve ser titular ou requerente de direitos sobre as marcas e outros objetos de propriedade intelectual negociados no âmbito do contrato de franquia, ou estar expressamente autorizado pelo titular" (Brasil, 2019).

Essa novidade trouxe a obrigatoriedade de o franqueador ser titular ou requerente da propriedade intelectual que será objeto do contrato de franquia. Tal situação já deverá ser manifestada no início da contratação.

Ainda, há uma gama de possibilidades, pois, qualquer atividade produtiva, seja produto, seja serviço, pode ser adequadamente transacionada em um contrato de franquia. É comum que o franqueador oferte a assistência técnica ao franqueado, a qual deve ser regulada em contrato. Essa assistência técnica pode ser sobre equipamentos fornecidos, publicidade ou até financeira, para que seja garantido ao franqueador a operação nos moldes franqueado, mantendo o maior benefício buscado, ou seja, o lucro.

O objeto do contrato é um "incentivo para o novel empreendedor com o prestígio da marca de um determinado produto, cujo uso lhe será facultado por contrato pelo fabricante, abrindo largo campo de distribuição junto a uma clientela já satisfeita com a qualidade dos produtos que ostentam aquela identificação" (Negrão, 2018, p. 212).

Como veremos, deverá o franqueador veicular, na circular de oferta de franquia (COF), de forma bastante minuciosa o objeto contratado, sob pena de anulabilidade do contrato (art. 4º da Lei n. 13.966/2019).

c. **Remuneração**

O contrato de franquia é um contrato oneroso, em que o franqueador transfere pesados custos de investimento ao franqueado, uma vez que aquele tem a responsabilidade de transferir os recursos materiais e imateriais decorrentes do objeto do contrato. O franqueado, da mesma forma, com a expectativa de fazer seu negócio comercial ter volume de vendas, utilizar marca, produtos e clientela potencial existente, entende ser devido o pagamento pelo *know-how* já operante. Decorre daí que o pagamento pelo contrato de franquia pode operar-se de forma livre e dependente do objeto negociado (art. 2º, IX, da Lei n. 13.966/2019).

Pode ser definido um valor fixo como "taxa de filiação" ou "taxa de adesão", que, da mesma forma, pode gerar uma caução que garantiria o fornecimento dos produtos. Há também a possibilidade de percentual sobre a venda dos produtos pelo franqueado, ou valor fixo sobre o material, como ocorre em franquias educacionais. Ainda, pode haver a cobrança de participação das estratégias de *marketing* da rede ou a cobrança de aluguel, quando o imóvel for locado pelo franqueador.

Cabe, aqui, apresentar uma novidade da atual legislação referente a franquias. O art. 3º, parágrafo único, inciso II, da Lei n. 13.966/2019, assim estabelece:

> Art. 3º [...]
>
> Parágrafo único. O valor do aluguel a ser pago pelo franqueado ao franqueador, nas sublocações de que trata o caput, poderá ser superior ao valor que o franqueador paga ao proprietário do imóvel na locação originária do ponto comercial, desde que:
>
> [...]

II – o valor pago a maior ao franqueador na sublocação não implique excessiva onerosidade ao franqueado, garantida a manutenção do equilíbrio econômico-financeiro da sublocação na vigência do contrato de franquia. (Brasil, 2019b)

Essa regra confronta com o disposto no art. 21 da Lei n. 8.245, de 18 de outubro de 1991 (Lei de Locações), que afirma "o aluguel da sublocação não poderá exceder o da locação" (Brasil, 1991). A situação é recente, e os tribunais precisarão enfrentar o tema, mas, pela especialização da legislação de franquias, bem como em razão do interesse econômico envolvido, visto que o contrato de sublocação é envolvido por outros contratos, é provável que prevaleça a nova regra.

Por fim, é preciso lembrar que o contrato de franquia, em regra, é escrito e, por ser baseado pela COF, trata-se de um contrato de adesão, contando com cláusulas já definidas, com pouco ou nenhuma possibilidade de modificação.

Além desses elementos, há algumas **cláusulas comuns**, pois, como se trata de um contrato por adesão, em regra, são incluídas algumas cláusulas que obrigam o franqueador a disponibilizar ao franqueado, entre outros serviços e produtos:

- licença de uso da marca e de sinais distintivos;
- *know-how*;
- assistência técnica;
- limitação territorial, com vistas a evitar a concorrência entre franqueados;

- tecnologia na administração do negócio nas áreas de administração contábil, financeira, de recursos humanos, de recursos patrimoniais e materiais;
- reaquisição de estoque, quando a distribuição envolver produtos do franqueador;
- treinamento de funcionários do franqueado;
- assessoria na instalação do estabelecimento empresarial do franqueado;
- assistência na logística de distribuição;
- divulgação publicitária da rede e marcas.

— 5.10.2 —
Tipos de franquias

Os tipos de franquia podem ser:

- **Franquia de marca e produto** – Quando há idealização de produtos e serviços e qualidade garantida pelo franqueador e são distribuídos para a revenda pelo franqueador ao franqueado. Ex. CacauShow.
- **Franquia de formatação de negócio** – Quando há estruturação do próprio negócio (formatado) do franqueado pelo franqueador, com utilização de todo seu *know-how*, transferindo marca, processos e técnicas comerciais, além da assistência técnica. Ex. McDonald's.

- **Master franchising** – A formatação do negócio viabiliza que o franqueado replique o processo a terceiros, expandindo a rede para outros franqueados.
- **Franquia de serviços** – Quando tem como objeto apenas o serviço idealizado pelo franqueador, aplicando-se as técnicas, mas não a comercialização de produtos. Ex. Wizard.
- **Franquia de distribuição** – Quando o franqueado somente trabalha com produtos e marcas indicadas pelo franqueador. Ex. AM/PM.
- **Franquia industrial** – Quando o franqueador transfere tecnologia e licenças para a produção de determinado bem utilizando as técnicas e os projetos fornecidos. Ex. Pepsi.

— 5.10.3 —
Obrigações

As obrigações do **franqueador** são:

- apresentar ao mercado toda a força criativa e empreendedora, que fomenta a abertura do negócio;
- entregar a COF em consonância com o art. 2º da Lei 13.966/2019;
- zelar pela permanência dos padrões de qualidade e constante aprimoramento da rede.
- quando existente, prestar assistência técnica.

As obrigações do **franqueador** são:

- comercializar exclusivamente produtos franqueados;
- adquirir a matéria-prima indicada pelo franqueador;
- utilizar os equipamentos constantes do projeto de instalação;
- cobrar os preços fixados pelo franqueador;
- pagar pela utilização da franquia;
- formar e preparar pessoal conforme os padrões do franqueador.
- usar a marca, os sinais distintivos e o conhecimento técnico transmitido pelo franqueador;
- permitir a fiscalização do andamento das atividades pelo franqueador.

— 5.10.4 —
Circular de oferta de franquia

É comum o franqueado ser uma pessoa que carece da experiência comercial, tanto é que opta por integrar uma rede (marca) que já se estabeleceu no mercado, a qual oferece perspectivas, lastreadas pelo passado e presente, que demonstraram êxito. A proposta de negócio, então, pronuncia-se como bastante vantajosa ao potencial franqueado, que pode ser levado a erro pela sua inexperiência e pelo desconhecimento de dados do negócio.

Assim, deve o franqueador repassar todas as informações acerca do negócio, de modo a viabilizar que o franqueado tome uma decisão com liberdade e dispondo do conhecimento das condições atuais e das perspectivas futuras do negócio do franqueador. Para tanto, foi instituída de forma bastante ampla a circular de oferta de franquia (COF) pela Lei n. 13.966/2019: "A circular de oferta de franquia consiste, assim, no instrumento do *disclosure*, sendo indispensável ao candidato a determinada franquia, pois contém todas as informações relevantes sobre o negócio que está sendo proposto, permitindo-lhe uma avaliação aprofundada do mesmo" (Redecker, 2002, p. 74).

Esse importante instrumento trará as informações necessárias para diminuir a falta de conhecimentos sobre o negócio, com o objetivo de propiciar que o franqueado entre na rede franqueada ciente das condições e dos investimentos que precisará aportar.

A COF reflete as expectativas do franqueado e vinculará o contrato futuro, sob pena de ruptura da confiança gerada na negociação. Portanto, esse documento deve conter informações verdadeiras e ser entregue com, no mínimo, dez dias de antecedência da assinatura do contrato ou de pagamento de qualquer taxa.

Cuidado: o descumprimento do prazo pode gerar a anulabilidade do contrato e a devolução de todas as quantias pagas ao franqueador ou a terceiros a título de filiação e *royalties*. Entende Negrão (2018, p. 218):

> O COF pode ser apreciado sob cinco aspectos: (a) dever de informação sobre o franqueador e sua rede, relativa à imagem e realidade financeira da franqueadora; (b) dever de identificação integral do objeto contratado; (c) dever de informação

sobre a qualificação exigida do franqueado: características e comportamentos esperados do franqueado; (d) dever de informação sobre os encargos contratuais; e (e) dever de explicitar a extensão territorial e o regime de exclusividade.

A COF deverá ser redigida "em língua portuguesa, de forma objetiva e acessível", conforme o art. 2º da Lei 13.966/2019, e conter obrigatoriamente:

> I – histórico resumido do negócio franqueado;
>
> II – qualificação completa do franqueador e das empresas a que esteja ligado, identificando-as com os respectivos números de inscrição no Cadastro Nacional da Pessoa Jurídica (CNPJ);
>
> III – balanços e demonstrações financeiras da empresa franqueadora, relativos aos 2 (dois) últimos exercícios;
>
> IV – indicação das ações judiciais relativas à franquia que questionem o sistema ou que possam comprometer a operação da franquia no País, nas quais sejam parte o franqueador, as empresas controladoras, o subfranqueador e os titulares de marcas e demais direitos de propriedade intelectual;
>
> V – descrição detalhada da franquia e descrição geral do negócio e das atividades que serão desempenhadas pelo franqueado;
>
> VI – perfil do franqueado ideal no que se refere a experiência anterior, escolaridade e outras características que deve ter, obrigatória ou preferencialmente;
>
> VII – requisitos quanto ao envolvimento direto do franqueado na operação e na administração do negócio;

VIII – especificações quanto ao:

a) total estimado do investimento inicial necessário à aquisição, à implantação e à entrada em operação da franquia;

b) valor da taxa inicial de filiação ou taxa de franquia;

c) valor estimado das instalações, dos equipamentos e do estoque inicial e suas condições de pagamento;

IX – informações claras quanto a taxas periódicas e outros valores a serem pagos pelo franqueado ao franqueador ou a terceiros por este indicados, detalhando as respectivas bases de cálculo e o que elas remuneram ou o fim a que se destinam, indicando, especificamente, o seguinte:

a) remuneração periódica pelo uso do sistema, da marca, de outros objetos de propriedade intelectual do franqueador ou sobre os quais este detém direitos ou, ainda, pelos serviços prestados pelo franqueador ao franqueado;

b) aluguel de equipamentos ou ponto comercial;

c) taxa de publicidade ou semelhante;

d) seguro mínimo;

X – relação completa de todos os franqueados, subfranqueados ou subfranqueadores da rede e, também, dos que se desligaram nos últimos 24 (vinte e quatro) meses, com os respectivos nomes, endereços e telefones;

XI – informações relativas à política de atuação territorial, devendo ser especificado:

a) se é garantida ao franqueado a exclusividade ou a preferência sobre determinado território de atuação e, neste caso, sob que condições;

b) se há possibilidade de o franqueado realizar vendas ou prestar serviços fora de seu território ou realizar exportações;

c) se há e quais são as regras de concorrência territorial entre unidades próprias e franqueadas;

XII – informações claras e detalhadas quanto à obrigação do franqueado de adquirir quaisquer bens, serviços ou insumos necessários à implantação, operação ou administração de sua franquia apenas de fornecedores indicados e aprovados pelo franqueador, incluindo relação completa desses fornecedores;

XIII – indicação do que é oferecido ao franqueado pelo franqueador e em quais condições, no que se refere a:

a) suporte;

b) supervisão de rede;

c) serviços;

d) incorporação de inovações tecnológicas às franquias;

e) treinamento do franqueado e de seus funcionários, especificando duração, conteúdo e custos;

f) manuais de franquia;

g) auxílio na análise e na escolha do ponto onde será instalada a franquia; e

h) leiaute e padrões arquitetônicos das instalações do franqueado, incluindo arranjo físico de equipamentos e instrumentos, memorial descritivo, composição e croqui;

XIV – informações sobre a situação da marca franqueada e outros direitos de propriedade intelectual relacionados à franquia, cujo uso será autorizado em contrato pelo franqueador, incluindo a caracterização completa, com o número do registro ou do pedido protocolizado, com a classe e subclasse, nos órgãos competentes, e, no caso de cultivares, informações sobre a situação perante o Serviço Nacional de Proteção de Cultivares (SNPC);

XV - situação do franqueado, após a expiração do contrato de franquia, em relação a:

a) know-how da tecnologia de produto, de processo ou de gestão, informações confidenciais e segredos de indústria, comércio, finanças e negócios a que venha a ter acesso em função da franquia;

b) implantação de atividade concorrente à da franquia;

XVI - modelo do contrato-padrão e, se for o caso, também do pré-contrato-padrão de franquia adotado pelo franqueador, com texto completo, inclusive dos respectivos anexos, condições e prazos de validade;

XVII - indicação da existência ou não de regras de transferência ou sucessão e, caso positivo, quais são elas;

XVIII - indicação das situações em que são aplicadas penalidades, multas ou indenizações e dos respectivos valores, estabelecidos no contrato de franquia;

XIX - informações sobre a existência de cotas mínimas de compra pelo franqueado junto ao franqueador, ou a terceiros por este designados, e sobre a possibilidade e as condições para a recusa dos produtos ou serviços exigidos pelo franqueador;

XX - indicação de existência de conselho ou associação de franqueados, com as atribuições, os poderes e os mecanismos de representação perante o franqueador, e detalhamento das competências para gestão e fiscalização da aplicação dos recursos de fundos existentes;

XXI – indicação das regras de limitação à concorrência entre o franqueador e os franqueados, e entre os franqueados, durante a vigência do contrato de franquia, e detalhamento da abrangência territorial, do prazo de vigência da restrição e das penalidades em caso de descumprimento;

XXII – especificação precisa do prazo contratual e das condições de renovação, se houver;

XXIII – local, dia e hora para recebimento da documentação proposta, bem como para início da abertura dos envelopes, quando se tratar de órgão ou entidade pública. (Brasil, 2019b)

Essa obrigação do franqueador, pela sua importância e extensão, retira a eventual responsabilidade sob pena de o franqueado "arguir anulabilidade ou nulidade, conforme o caso, e exigir a devolução de todas e quaisquer quantias já pagas ao franqueador, ou a terceiros por este indicados, a título de filiação ou de *royalties*, corrigidas monetariamente" – é o que prevê o art. 2º, parágrafo 2º, da Lei n. 13.966/2019 (Brasil, 2019b).

Por fim, se reconhecida a omissão das informações ou se estas forem falsas, isso pode acarretar as sanções penais cabíveis (art. 4º, § 2º, da Lei n. 13.966/2019).

— 5.10.5 —
Extinção do contrato

Pode-se extinguir o contrato da franquia se ocorrer uma das seguintes situações:

- sendo o contrato convencionado por prazo determinado, extingue-se com o decurso do prazo;
- pela vontade das partes, extinguindo por acordo em que definem as obrigações e encargos finais;
- pela vontade de uma das partes, seja sob alegação de justa causa, seja por aplicação de cláusula que permite a denúncia, com as consequências contratuais e os pagamentos de multas e indenizações;
- por decisão judicial que declare a anulabilidade em razão da falta de cumprimento legal da entrega da COF.

— 5.11 —
Joint venture

O contrato de *joint venture* é um contrato atípico de colaboração interempresarial, celebrado entre empresários com o objetivo de realização de um empreendimento comum, por tempo determinado, com ou sem perda da personalidade jurídica inicial. O contrato de *joint venture*, como afirma Basso (2002, p. 15):

Corresponde a uma forma ou método de cooperação entre empresas de um mesmo país ou de países diferentes, sendo usada na linguagem comercial para designar qualquer acordo empresarial para a realização de um projeto específico, uma aventura comum, independentemente da forma jurídica adotada: societária, quando constitui uma terceira pessoa jurídica para a realização do empreendimento comum, ou somente contratual, quando o acordo entre os parceiros não dá nascimento a uma pessoa jurídica independente.

Claramente podemos perceber que se trata de um contrato híbrido, já que envolve intercâmbio e sociedade para envidar esforços de colaboração, que, nas palavras de Forgioni (2016, p. 174) surgem da necessidade de "evitar os inconvenientes que adviriam da celebração de uma extensa série de contratos de intercâmbio desconectados (custos de transação) e da fuga da rigidez típica dos esquemas societários (ou hierárquicos)".

Atualmente, é possível constatar a crescente utilização e a importância que têm ganhado os contratos de *joint venture*, uma vez que proporcionam alianças entre empresas, que não necessariamente corresponderiam a formas societárias ou a novos grupos econômicos. Esses contratos viabilizam sinergias, obtenção de recurso tecnológicos ou financeiros, economia de escala e racionalização de atividades (Frazão, 2015).

Essa associação entre sociedades empresárias há, necessariamente, o escopo lucrativo. Então, da mesma forma, compartilham o prejuízo.

Tem como fundamental característica a independência das sociedades empresariais participantes na *joint venture*, pois, se houver qualquer subordinação, poderá caracterizar fusão ou incorporação societária. Mesmo com a independência, as sociedades empresariais participantes devem ter um projeto comum, que é a **finalidade** de uma sociedade.

Como não há previsão legal, o contrato de *joint venture* é mais flexível que os consórcios ou a sociedade, mas, de igual modo, verificam-se as características de comungar os interesses e coordenar atividades tipicamente empresariais, formando um empreendimento comum, que divide os riscos do negócio. Como afirma Frazão (2015, p. 199): "Não é sem razão que tal contrato é também conhecido no direito português simplesmente por "empresa comum".

Convém lembrar que o fim comum buscado não implica basicamente que os contratantes tenham de realizar atividades inerentes à empresa comum, ou em conjunto, pois cada contratante pode fazer a sua parte. Embora pressuponha ao menos a integração ou o ajuste de atividades complementares, os fins comuns podem não implicar atividades comuns.

Para a concretização desse empreendimento comum, encontramos como possibilidades a autorização do uso de marca ou a transferência de tecnologia, logística, transporte e financiamento. Para tanto, conforme as partes definirem, pactuam a forma de partilha dos resultados, lucros e perdas, especificando as responsabilidades e os poderes do negócio comum.

A escolha pelo contrato de *joint venture* coloca às partes contratantes os interesses alocados nos custos de transação, bem como a estrutura societária ou negocial relacionada para a interpretação e aplicação das regras.

Daí se depreende a escolha da espécie de *joint venture*. Se a escolha for por um compromisso maior e uma estrutura mais rígida, vai se buscar a *corporate joint venture* ou *joint venture* societária. Se a escolha for pela transitoriedade do empreendimento, aporte de capitais e confiança entre as partes, vai se buscará a *common business purpose* (finalidade comercial comum) ou *non corporate joint venture*, a *joint venture* contratual.

— 5.11.1 —
Criação e cláusulas contratuais da *joint venture*

Como ensina Basso (2002), podemos listar três passos para a concepção de uma *joint venture*:

1. A decisão da empresa em se associar por meio da cooperação.
2. Por meio de contrato preliminar ou protocolo de intenções, é efetivada a elaboração do acordo-base, no qual estarão previstas as diretrizes da *joint venture*, delimitando-se a cooperação, o prazo de cumprimento das metas, os valores a serem investidos, a personificação ou não de uma sociedade independente, a participação societária em uma nova empresa ou apenas de capital, a forma de partilha dos riscos,

e os acessos de cada contratante no controle de gestão do novo empreendimento empresarial. Além disso, podem ser previstos o sigilo da troca de informações, o planejamento estratégico com a viabilidade econômico-financeira e o prazo para início das atividades das operações conjuntas.
3. Após, formalizam-se os contratos anexos, também chamados de *acordos-satélites*, que basearam toda a contratação futura, o acordo-base. Poderá ser o acordo-satélite: o contrato social, caso a opção seja pela criação de uma nova empresa; ou outros contratos, como autorização do uso de marca ou transferência de tecnologia, logística, fornecimento, transporte e outros que convergem para a finalidade da nova aventura empresarial.

Como afirmamos, o contrato de *joint venture* é um contrato atípico e não regulamentado, o que não reserva cláusulas contratuais obrigatórias, porém as disposições devem adequar-se à realidade do caso concreto. Vejamos as cláusulas contratuais mais comuns:

- qualificação das partes contratantes;
- indicação precisa da formação de *joint venture*, especificando o objeto do empreendimento empresarial comum e das transferências de tecnologias a serem trocadas pelas partes;
- descrição dos direitos e deveres de cada um dos contratantes na execução do projeto, inclusive com a previsão dos aportes de capital e bens;

- se for *joint venture* societária, qual tipo societário e quais os pactos sociais, se for *joint venture* contratual, qual das partes cuidará da operação e seus limites;
- preço, distribuição dos resultados e partilha de prejuízos;
- delegação de poderes e atribuições na gestão do contrato, prestação de contas e fiscalização;
- sigilo;
- prazo;
- eventual preferência em aquisições ao final da *joint venture*;
- extinção e penalidades;
- cláusula compromissória de arbitragem.

— 5.11.2 —
Corporate joint venture

A *corporate joint venture* ou *joint venture* societária ocorre quando se utiliza de um contrato de sociedade para pactuar a colaboração das partes. A associação das partes interessadas (*co-ventures*) dá origem à constituição de uma pessoa jurídica (sociedade empresária), em que se definem os investimentos, financeiros ou não, de cada parte, para possibilitar o alcance do objetivo da sociedade surgida, bem como a repartição dos lucros e dos prejuízos e o interesse comum dos participantes.

A nova empresa que surge é constituída de forma autônoma das sociedades que a compõem, mas, por fazerem parte de uma colaboração das sócias, não há integral independência no empreendimento, pois o interesse dos sócios em alcançar os objetivos é o exato liame da *joint venture*. Criam um novo empreendimento, centro de obrigações, permitindo a criação de uma estrutura estável e de responsabilização específica, com a limitação dos riscos, como se depreende de personalidade jurídica.

Os contratantes poderão escolher o tipo societário, o sistema jurídico ao qual a empresa comum estará submetida, bem como as necessidades e as características do negócio conjunto a ser perseguido, podendo ocorrer por meio de sociedade por ações, sociedade por quotas de responsabilidade limitada, entre outras.

— 5.11.3 —
Common business purpose joint venture

A *joint venture* contratual, ou *non corporate joint venture* ou, ainda, *common business purpose joint venture*, ocorre quando se utilizam contratos que fixarão as obrigações de organizar os propósitos colaborativos e não se tem o nascimento de uma empresa distinta, pois podem agir operacionalmente na estrutura já existente de um dos contratantes. Como se trata de uma associação de interesses dos empresários, os riscos, nesse caso, são compartilhados pelos contratantes, o que se demonstra mais claramente em processos específicos e temporários.

Com o contrato de *joint venture*, os contratantes "não pretenderem criar um fundo comum para obter os benefícios que resultarem das operações realizadas em conjunto, na medida em que intencionam, ao invés de dividir os resultados da empresa comum, apropriar-se individualmente da parte a que cada um cabe no negócio" (Frazão, 2015, p. 199).

Esse tipo de *joint venture* não forma fundo comum, ou seja, não forma um novo estabelecimento; o que ocorre é uma junção de insumos e equipamentos, administração comum e divisão dos resultados na medida dos aportes de cada contratante.

Finalmente, podemos afirmar que há: (a) delimitação do objeto do empreendimento comum; (b) atribuições de cada parte no negócio; (c) definição dos riscos, partilha dos resultados e prejuízos; (d) previsão de esferas de atuação poderes das partes e controle do negócio; (e) prestação de contas recíprocas; (f) controle sobre a autonomia de atuação de cada parte, com respeito ao objeto da *joint venture*; e (g) prazo definido.

— 5.11.4 —
Interpretação

Sendo o contrato de *joint venture* um contrato entre empresas, este deve ser sempre interpretado pelo viés empresarial.

Entre os tipos que estudamos, verificamos que as resoluções do *corporate joint venture* são mais afetas ao direito societário, mas não isentando o estudo do direito contratual.

Como a *joint venture* pode ocorrer em decorrência de melhor posicionamento do mercado, os ajustes efetivados pelas empresas podem ter impacto para o mercado como um todo. Diante desse cenário, o Conselho Administrativo de Defesa Econômico já se manifestou sobre a questão concorrencial na Súmula n. 4: "É lícita a estipulação de cláusula de não concorrência na vigência de *joint venture*, desde que guarde relação direta com seu objeto e que fique restrita aos mercados de atuação" (Cade, 2016).

Ainda, há a manifestação da doutrina quanto aos contratos utilizados para a formalização da *joint venture* no Enunciado n. 621 do Conselho da Justiça Federal: "Os contratos coligados devem ser interpretados a partir do exame do conjunto das cláusulas contratuais, de forma a privilegiar a finalidade negocial que lhes é comum" (CJF, 2020).

Desse modo, busca-se proteger o exercício legítimo da autonomia privada e da livre iniciativa, pois o que se almeja no contrato de *joint venture* é um negócio jurídico complexo, que visa à eficiência do empresário, alocando recursos com menor risco e maior benefício a toda a cadeia produtiva.

— 5.12 —
Seguro

O contrato de seguro é assim definido pelo art. 757 do Código Civil:

> Art. 757. Pelo contrato de seguro, o segurador se obriga, mediante o pagamento do prêmio, a garantir interesse legítimo do segurado, relativo a pessoa ou a coisa, contra riscos predeterminados.

Parágrafo único. Somente pode ser parte, no contrato de seguro, como segurador, entidade para tal fim legalmente autorizada. (Brasil, 2002)

E, dos termos do parágrafo único do mesmo dispositivo, há a previsão de que uma das partes, o segurador, será uma entidade legalmente autorizada, ou seja, deverá necessariamente ser uma pessoa jurídica, uma sociedade empresária com a finalidade atuar no ramo do seguro.

Essa condição traz o contrato de seguro ao direito empresarial, como afirma Gomes (2007, p. 504),

> pois somente empresas organizadas sob a forma de sociedade anônima ou-cooperativas (estas no que diz respeito a seguros agrícolas e de saúde) podem celebrá-lo na qualidade de segurador. Essa imposição legal decorre da própria função econômico-social do contrato. Para cobrir os inúmeros riscos que podem ser objeto de seguro, mister se faz uma organização econômica que, utilizando técnica especial, possa atender ao pagamento das indenizações prováveis com o produto da arrecadação das contribuições pagas por grande número de seguradores. Esta exigência desloca o contrato para o Direito Empresarial, tomando-o um contrato empresarial.

Pela importância desse tipo de contrato, há uma grande preocupação em se garantir o capital da empresa, do estabelecimento, de insumos, de bens comprados ou vendidos e, até mesmo, da pessoa do empresário.

Ao ser tratado pelo Código Civil, esse contrato tem as condições definidas tanto no direito civil quanto no empresarial, pela qualidade do contratante e pela função dele. Se o empresário contrata o seguro para insumo de sua atividade econômica, esse contrato será empresarial, a exemplo dos seguros para responsabilidade civil por acidente de trabalho, de crédito, rurais ou de transporte. Caso contrário, se o empresário efetivar seguros de vida, residencial, de acidentes pessoais ou de saúde, como não envolvem diretamente a atividade econômica, são entendidos como contratos regidos pelo direito civil (Coelho, 2012c).

Portanto, o mesmo seguro poderá estar em dois regimes, mas, a depender da finalidade e da qualidade pessoal do segurado, sofrerá proteções diferentes. Tal situação se verifica quando não se é empresário ou quando a garantia segurada não for vinculada como insumo empresarial, então, a relação será de consumo, aplicando-se os benefícios do Código de Defesa do Consumidor. O segurado estará qualificado como consumidor, nos termos do art. 2º do Código de Defesa do Consumidor – Lei n. 8.078, de 11 de setembro de 1990 –, e a seguradora, como fornecedora, nos termos do art. 3º, parágrafo 2º, do Código de Defesa do Consumidor (Brasil, 1990).

Entretanto, ainda que o empresário ou a sociedade empresária estejam à margem da proteção consumerista, se demonstrada a vulnerabilidade da empresa, poderá ser o empresário enquadrado como consumidor, e o serviço (seguro) não deverá ser utilizado como insumo (consumidor intermediário). Caso contrário, não se aplica essa premissa, como entendeu o STJ no Agravo Interno nos Embargos de Declaração no Agravo em Recurso Especial n. 1.370.742/SC:

> AÇÃO DE INDENIZAÇÃO SECURITÁRIA. TRANSPORTE RODOVIÁRIO DE CARGA. ROUBO. PESSOA JURÍDICA. CÓDIGO DE DEFESA DO CONSUMIDOR. NÃO APLICAÇÃO. OBRIGAÇÕES DE GESTÃO DO RISCO. [...]
>
> 1. A aplicação do Código de Defesa do Consumidor em favor de pessoa jurídica exige que ela seja a destinatária final do produto ou do serviço ou, ao menos, ostente alguma vulnerabilidade perante o fornecedor, situações não verificadas, na espécie, que trata de contrato de seguro firmado entre a empresa transportadora e a seguradora com o objetivo de assegurar o transporte rodoviário de cargas, serviço fornecido pela recorrente no mercado de consumo. Precedentes.
>
> 2. O Tribunal de origem, com base na prova documental trazida aos autos, julgou improcedente o pedido de indenização securitária, em razão da ocorrência de roubo de carga transportada, pois a empresa segurada não cumpriu as exigências de gerenciamento do risco estabelecido no contrato de seguro. [...] (Brasil, 2020c)

Observamos, então, que o contrato de seguro é empresarial se contratado pelas empresas, seguradora e segurado, que não serão protegidos pelo Código de Defesa do Consumidor, sendo esse contrato regido pelo Código Civil, cuja definição e cujos elementos serão tratados adiante.

Afastado inicialmente o Código de Defesa do Consumidor, percebemos que o contrato de seguro é aplicado de forma ampla no mercado. Assim, é normal que contemple cláusulas já estabelecidas pelo segurador, aspecto típico do contrato de adesão.

Cabe, como é comum em contratos de adesão, a aceitação ou não do segurado das cláusulas já estabelecidas (condições gerais do seguro) e, não aceitando, pode ficar sem a possibilidade contratar a cobertura desejada. O Decreto-Lei n. 73, de 21 de novembro de 1966, conhecido como *Lei dos Seguros*, em seu art. 13, já traz uma proteção ao aderente ao afirmar: "As apólices não poderão conter cláusula que permita rescisão unilateral dos contratos de seguro ou por qualquer modo subtraia sua eficácia e validade além das situações previstas em Lei" (Brasil, 1966b).

Nesse mesmo sentido, por se tratar de um contrato aleatório, pois o objeto do contrato é um risco futuro e incerto, que, em acontecendo, será indenizável, qualquer limitação imposta ao segurado deverá ser amplamente demonstrada no momento da contratação, sob pena de ser declarada abusiva e, como consequência, incidir o reconhecimento da nulidade.

O Código Civil regula o contrato de seguro, tanto de dano como de pessoas, entre os arts. 757 a 802.

Também se aplicam legislações esparsas referentes a diversas coberturas e qualidades de seguro. Em especial, temos o Decreto-Lei n. 73/1966, que versa sobre o sistema nacional de seguros privados, regulando as operações de seguro e resseguro, e a Lei n. 4.594, de 29 de dezembro de 1964, que dispõe sobre a profissão do corretor de seguros (Brasil, 1965a).

O contrato de seguro é altamente regulado e, nos termos do art. 7º do Decreto Lei n. 73/1966, "Compete privativamente ao Governo Federal formular a política de seguros privados, legislar sobre suas normas gerais e fiscalizar as operações no mercado nacional" (Brasil, 1966b), criando órgãos de fiscalização e de controle, como a Superintendência de Seguros Privados (Susep).

— 5.12.1 —
Elementos

Como verificamos, o art. 757 do Código Civil assim estabelece: "o segurador se obriga, mediante o pagamento do prêmio, a garantir interesse legítimo do segurado, relativo a pessoa ou a coisa, contra riscos predeterminados" (Brasil, 2002).

Dessa definição, temos os elementos necessários para a configuração do contrato de seguro. Vejamos.

a. **Segurador**

Como já afirmado, o contrato é empresarial, pois figura sempre uma empresa como segurador, e tal situação é definida pelo Código Civil, no parágrafo único do art. 757.

O segurador é formado por uma sociedade seguradora, a qual tem como objeto social fornecer a garantia do interesse do segurado e assegurar o ressarcimento caso o risco se concretize, ou seja, fornecer o seguro (cobertura securitária), não podendo "explorar qualquer outro ramo de comércio ou indústria", como dispõe o art. 73 do Decreto-Lei n. 73/1966 (Brasil, 1966b).

Por ser um mercado regulado, "a lei lhes impõe certas normas que devem ser rigorosamente obedecidas, para maior segurança do sistema" (Martins, 2018, p. 290). As sociedades seguradoras serão integrantes do Sistema Nacional de Seguros Privados e precisam de autorização do Poder Público para funcionamento, alteração ou modificação de seus atos de constituição, devendo formalizar-se por meio de sociedade anônima ou cooperativas (art. 24 do Decreto-Lei n. 73/1966). Também há a obrigatoriedade de capital mínimo, pois dele decorre o exercício o objeto social, a cobertura securitária. Além disso, como forma de proteção do próprio mercado, não estão sujeitas à falência ou à recuperação, apenas à liquidação especial, nos termos do Decreto-Lei n. 73/1966.

Importantes auxiliares para o Sistema Nacional dos Seguros Privados são os corretores (art. 122 do Decreto-Lei n. 73/1966), que podem ser pessoa física, atuando de forma autônoma, ou pessoa jurídica, as quais com a devida habilitação e autorização, buscam angariar e promover contratos de seguros entre as sociedades seguradoras e os segurados, sendo remunerados por meio de comissão.

Entendemos, então, que a sociedade seguradora, por meio de corretor, apresenta proposta de seguro, em que se obriga a pagar certa soma em dinheiro caso venha a ocorrer o evento futuro ao segurado.

Ocorrendo o sinistro, o segurador deverá pagar "em dinheiro o prejuízo resultante do risco assumido, salvo se convencionada a reposição da coisa" (art. 776 do Código Civil), e, não o fazendo, será constituído em mora e obrigado ao pagamento com atualização monetária e juros moratórios (art. 772 do Código Civil).

b. **Segurado**

O segurado é a pessoa física ou jurídica que, juridicamente, transfere seus riscos para o segurador – sociedade seguradora. O segurado paga "retribuição em dinheiro denominada prêmio à seguradora para ter garantido direito à indenização de prejuízos relativos a coisa ou ao pagamento de capital em eventos previstos nos seguros de pessoa" (Negrão, 2018, p. 311).

Pode o segurado ser o estipulante e o beneficiário ou ser o beneficiário um terceiro. Isso ocorre, por exemplo, no seguro obrigatório de veículo, quando o beneficiário pode ser o segurado ou a pessoa indicada no sinistro. Também quando o transportador estipula um seguro, em que são segurados bens do contratante da carga, e o beneficiário é o comprador. Para esse tipo de estipulação à conta de outrem, o segurador pode opor a ambos qualquer defesa na contratação (art. 767 do Código Civil).

O segurado, ao efetivar a contratação, deverá cumprir com "a mais estrita boa-fé e veracidade, tanto a respeito do objeto como das circunstâncias e declarações a ele concernentes" (art. 765 do Código Civil), e, por ser um contrato aleatório (cobertura securitária), caso ocorra "incidente suscetível de agravar consideravelmente o risco coberto" (art. 769 do Código Civil) ou agravamento intencional (art. 768 do Código Civil), poderá ser negado o pagamento indenizatório (Brasil, 2002).

Como a obrigação do segurado é o pagamento do prêmio, a mora no pagamento poderá acarretar a perda do direito à indenização (art. 763 do Código Civil).

c. **Garantia**

O que se busca com o contrato de seguro é a garantia de que a sociedade seguradora dá ao segurado ao prometer, no contrato, que, por meio da cobertura securitária, elimina-se o risco. É a prestação devida pelo segurador ao aceitar o contrato de seguro.

d. **Interesse legítimo**

O objeto do contrato é o interesse legítimo de proteger um patrimônio, material ou não. É por meio desse interesse que poderá ser calculada a indenização a que o seguro visa. Assim, deverá ser lícita (art. 762 do Código Civil).

Como vemos no contrato de danos, ao se buscar o seguro, é sobre este que se está almejando a garantia, ou seja, a garantia de ressarcimento do bem material segurado, ou sua restituição, em que "a garantia prometida não pode ultrapassar o valor do interesse segurado no momento da conclusão do contrato" (art. 778 do Código Civil), já que dele consta "o limite máximo da garantia fixado na apólice" (art. 781 do Código Civil) (Brasil, 2002).

O interesse legítimo torna-se a baliza da garantia. O segurador obriga-se ao pagamento, e o interesse segurado é mensurado em valor fixado na contratação, se ocorrer o risco haverá o recebimento pelo segurado.

e. **Risco**

O risco é um elemento importante para a existência do contrato, pois não há razão para a contratação do seguro se não houver a incidência de qualquer evento futuro e incerto que possa afetar o segurado.

A possibilidade do risco torna-se a razão do contrato de seguro, com vistas, então, a prevenir a ocorrência do evento que poderá incidir sobre o interesse legítimo do segurado. Há a necessidade da transferência do risco para o segurador.

Ocorrendo o risco, há o dano, que resulta de um prejuízo econômico mensurável, fazendo com que o segurado tenha de cumprir com sua prestação a garantia de ressarcimento do interesse segurado.

A possibilidade de ocorrer ou não o risco é a forma de dimensionamento do contrato, pois o segurador "considera as probabilidades estatísticas de ocorrência, inclusive para a mensuração do prêmio" (Martins, 2018, p. 293). Desse cálculo, o segurador, verificando o risco provável, efetiva a contratação, pois será fortuito. Caso deixe de ser fortuito por ato do segurado, do beneficiário ou de terceiro, o contrato será considerado nulo (art. 762 do Código Civil).

f. **Prêmio**

O prêmio é a contraprestação pecuniária devida pelo segurado em razão da garantia de cobertura de riscos que podem atingir o interesse segurável. O prêmio pode ser pago em parcela única ou não, como deliberado em contrato.

O inadimplemento poderá acarretar o desfazimento do contrato, como previsto no art. 763 do Código Civil: "Não terá direito a indenização o segurado que estiver em mora no pagamento do prêmio, se ocorrer o sinistro antes de sua purgação" (Brasil, 2002).

Entretanto, a aplicação do referido artigo deverá ser ajustada, pois, sendo o prêmio parcelado e se o contrato de seguro for anual, o eventual inadimplemento de parcela deverá ser adequado ao prazo da apólice e ao número de parcelas pagas.

— 5.12.2 —
Comprovante do seguro

O contrato de seguro é um contrato formal, devendo ser escrito, o que é indispensável para sua existência. Nesse sentido, há algumas formas de comprovação do contrato de seguro (arts. 758 e 759 do Código Civil):

- **Apólice** – É o documento que comprova a aceitação do risco pelo segurador, e nela devem constar minuciosamente

"os riscos assumidos, o início e o fim de sua validade, o limite da garantia e o prêmio devido, e, quando for o caso, o nome do segurado e o do beneficiário", conforme estabelece o art. 760 do Código Civil (Brasil, 2002).
- **Bilhete de seguro** – Também é um comprovante do contrato de seguro, o qual pode ser solicitado pelo segurado. Contudo, em virtude da simplicidade do ato, o segurado depende da boa-fé da seguradora para aceitação (art. 11 do Decreto-Lei n. 73/1966).
- **Proposta** – Deverá constar todos os dados que figurariam na apólice. Ela precede a formalização pelo segurador, uma vez que, com a aceitação da proposta, emite-se a apólice.
- **Prêmio** – É uma prova do seguro, pois, efetivado o pagamento, demonstra-se a contratação (art. 758 do Código Civil).

— 5.12.3 —
Boa-fé

Como observamos, os contratos devem seguir o princípio da boa-fé, conforme previsto no art. 422 do Código Civil. De forma mais direta, o art. 765 afirma: "O segurado e o segurador são obrigados a guardar na conclusão e na execução do contrato, a mais estrita boa-fé e veracidade, tanto a respeito do objeto como das circunstâncias e declarações a ele concernentes" (Brasil, 2002).

Não é sem razão que foi impressa tamanha relevância à boa-fé no contrato de seguro, visto que, como tem um dever de conduta mais acentuado, de probidade, de exigência da verdade aplicada aos dados que levam à conclusão do contrato, a aceitação do risco pressupõe informações passíveis de mensuração e "a possibilidade de ocorrência do evento incerto e futuro capaz de ser objeto de contratação securitária" (Negrão, 2018, p. 310).

— 5.12.4 —
Perda do direito à indenização

O contrato de seguro, como vimos, é pautado por uma conduta estritamente fundamentada na boa-fé.

Assim, haverá perda do direito à indenização quando: (a) o sinistro vier a acontecer por culpa grave ou dolo do segurado ou beneficiário (art. 762 do Código de Civil); (b) a reclamação de indenização por sinistro evidenciar fraude ou má-fé (art. 771 do Código Civil; (c) por qualquer forma, o segurado, o corretor, os beneficiários ou, ainda, seus representantes e prepostos intentarem obter benefícios ilícitos do seguro (art. 766 do Código Civil); e (d) o segurado agravar dolosamente o risco (arts. 768 e 769 do Código Civil).

— 5.12.5 —
Tipos de seguro

Vejamos, a seguir, os tipos de seguro que podem ser objeto contratual.

a. **Seguro de dano**

O seguro dano, ou seguro de coisas, é o contrato que tem a função de pagar os prejuízos decorrentes de um risco predeterminado como forma de evitar o sinistro, minorar o dano ou salvar a coisa, e está previsto nos arts. 778 a 788 do Código Civil.

Ocorrendo o dano, o segurador é obrigado a pagar a indenização. Esta é limitada ao interesse segurado (art. 778 do Código Civil) e ao risco, que "compreenderá todos os prejuízos resultantes ou consequentes, como sejam os estragos ocasionados para evitar o sinistro, minorar o dano, ou salvar a coisa", nos termos do art. 779 do Código Civil (Brasil, 2002).

Observe que, aqui, o contrato de seguro foi fundamentado em uma relação de equilíbrio econômico-financeiro, em que o segurador obrigou-se a ressarcir os danos caso o evento futuro e incerto ocorresse. Como exemplo, podemos citar que, se o prédio em que está estabelecido o segurado for o objeto do seguro, acontecendo um dano decorrente de incêndio, poderá haver o pagamento da reparação do imóvel, do muro supostamente destruído pelos bombeiros e dos lucros cessantes da paralização do uso. O interesse segurado é o prédio e sua função, os quais foram valorados no momento da contratação. Nesse mesmo exemplo, se os danos suplantarem o valor contratado, não havendo o ressarcimento integral, este não pode impor responsabilidade da sociedade seguradora, pois, nos termos do art. 781 do Código Civil, "A indenização não pode ultrapassar o valor do interesse segurado no momento do sinistro, e, em hipótese alguma, o limite máximo da garantia fixado na apólice" (Brasil, 2002).

Vejamos como decidiu o STJ sobre o tema no Agravo Interno no Recurso Especial n. 1.330.379/RS:

> CONTRATO DE SEGURO. RISCOS DE CARGA. LIMITAÇÃO EXPRESSA DA COBERTURA. POSSIBILIDADE. DECISÃO MANTIDA. RECURSO DESPROVIDO.
>
> 1. É justificável a negativa da seguradora ao pagamento de diferença de cobertura securitária que extrapola limitação expressamente pactuada no contrato para o transporte de carga composta de alumínio. [...] (Brasil, 2018b)

Para o contrato de transporte, há regra específica quanto ao início e ao término da garantia, o qual "começa no momento em que são pelo transportador recebidas, e cessa com a sua entrega ao destinatário" (art. 780 do Código Civil), em respeito ao interesse segurado (a responsabilidade do transportador – art. 750 do Código Civil), o que compreende recebimento, atrasos, manuseio e até armazenamento.

Uma característica do seguro de dano é a ocorrência da sub-rogação, que é a assunção dos direitos de crédito por quem satisfez a dívida (arts. 346 e 347 do Código Civil). Essa sub--rogação decorre do contrato de seguro, e o art. 786 do Código Civil prevê que "Paga a indenização, o segurador sub-roga-se, nos limites do valor respectivo, nos direitos e ações que competirem ao segurado contra o autor do dano" (Brasil, 2002).

Então, ao efetivar o pagamento, como ocorre, por exemplo, no ressarcimento de um dano ao veículo, a sociedade seguradora poderá buscar os direitos e as ações decorrentes do causador dos danos, aquele a quem é imputada a culpa pela ocorrência do risco.

Lembre que o segurado, no cumprimento da boa-fé do contrato de responsabilidade civil, deve agir de forma a minimizar os riscos, devendo comunicar de imediato evento que possa acarretar o dever de indenizar (art. 787, § 1º, do Código Civil) e não reconhecer responsabilidade, confessar ação, transigir com terceiro ou efetivar pagamento sem a anuência do segurador (art. 787, § 2º, do Código Civil). Por fim, cabe ressaltar que o segurado, ao ser demandado em juízo, deverá dar ciência ao segurador, até mesmo podendo valer-se da denunciação da lide (art. 125, II, do Código de Processo Civil), em decorrência da obrigação contratual de pagamento.

b. **Seguro de pessoas**

Ainda que o objeto de estudo desta obra seja o contrato empresarial, no seguro de pessoas há a característica de empresa, por ser participante a sociedade de seguradora.

Quanto ao segurado, haverá a incidência do Código de Defesa do Consumidor, já que o objetivo é cobrir riscos relativos à vida, à saúde e à integridade física de uma pessoa.

Constatamos, aqui, algumas nuances importantes.

O seguro de pessoas não tem o limite para o capital estipulado, uma vez que o interesse segurado é a vida e a integridade física (art. 789 do Código Civil), não se vinculando a um bem material. O seguro pode ser estipulado pelo segurado, e, com o recebimento do seguro pelo beneficiário (art. 792 do Código Civil), mesmo havendo a morte do segurado, o valor recebido pelo beneficiário não é reconhecido como herança (art. 794 do Código Civil).

Nos seguros de sobrevivência, o beneficiário será o segurado, com o recebimento do capital garantido por determinado tempo.

Pela definição do risco e diante da necessidade de manter o equilíbrio atuarial, o segurador pode requerer declaração em que será aferida a condição física do segurado (art. 790 do Código Civil), a qual poderá, se faltar a boa-fé, motivar da perda da garantia.

Diferentemente do seguro de danos, não é possível ao segurador sub-rogar-se nos direitos para pleitear junto ao causador do dano (art. 800 do Código Civil).

c. **Resseguro**

Em coberturas de contratos de seguro de valor bastante vultuoso, é possível que uma sociedade seguradora contrate com outra sociedade seguradora para efetivarem a distribuição do risco, o que é regulado pela Lei Complementar n. 126, de 15 de janeiro de 2007 (Brasil, 2007).

Esse tipo de seguro é firmado para grandes empreendimentos, como a construção de uma hidroelétrica ou de um navio. O resseguro pode ser total ou parcial, quando se dividem as responsabilidades total ou parcial dos riscos.

d. **Cosseguro**

Como o objetivo do contrato de seguro é a garantida do interesse segurado em face do risco, quando for seguro de dano, este pode ser objeto de mais de um contrato de seguro sobre a mesma coisa, limitando-se apenas ao valor total do bem (art. 781 do Código Civil).

Assim, haverá diversas apólices sobre o mesmo bem segurado, mas que deverão indicar os percentuais de riscos assumidos, quem administrará o contrato e representará os demais (art. 761 do Código Civil).

— 5.12.6 —
Prescrição e extinção do contrato

Com a ocorrência do risco, nasce a obrigação da prestação do segurador ao cumprimento da garantia. Não o fazendo, deverá ser instado para cumprir o contrato. O Código Civil, no art. 206, parágrafo 1º, assim estabelece:

Art. 206. Prescreve:

§ 1º Em um ano:

[...]

II – a pretensão do segurado contra o segurador, ou a deste contra aquele, contado o prazo:

a) para o segurado, no caso de seguro de responsabilidade civil, da data em que é citado para responder à ação de indenização proposta pelo terceiro prejudicado, ou da data que a este indeniza, com a anuência do segurador;

b) quanto aos demais seguros, da ciência do fato gerador da pretensão; (Brasil, 2002)

E afirma Waldo Fazzio Junior (2016, p. 504) que

> Quanto à ciência do fato gerador da pretensão, vale observar que, em caso de recusa de pagamento pela seguradora, acarretando o decurso do prazo prescricional, o segurado deve ter ciência inequívoca desse fato, para que volte a fluir o prazo prescricional da pretensão de cobrança da indenização.
>
> Por ciência inequívoca entende-se a insuscetível de dúvidas mediante assinatura do segurado: – no mandado de notificação judicial; ou; – no recibo de notificação extrajudicial; ou – no aviso de recebimento de correspondência enviada por via postal; ou – em qualquer outro documento que demonstre de formal cabal que o segurado soube da negativa da seguradora e a respectiva data desse conhecimento.

A pura e simples data de correspondência enviada pela seguradora, manifestando a recusa do pagamento não é determinante da ciência inequívoca do segurado a respeito.

É da seguradora o ônus da prova quanto à ciência clara e evidente da recusa de cumprimento da prestação do contrato de seguro.

O contrato de seguro pode extinguir-se: por acordo das partes; em decorrência do prazo ajustado de vigência, ou seja, pelo decurso do prazo; pela perda do objeto, quando há cessação do risco, como no término do seguro de transporte; e pela forma esperada, mas não desejada, que é a ocorrência do risco, pois havendo o sinistro será efetivada a liquidação da garantia, com o pagamento da indenização.

— 5.13 —
Contratos bancários

Bancos, ou instituições financeiras equiparadas, são empresas de intermediação que captam os depósitos dos poupadores e emprestam parcela desses valores e do capital próprio a terceiros.

Os contratos bancários "designam-se os negócios jurídicos que têm como uma das partes uma empresa autorizada a exercer atividades próprias dos bancos" (Gomes, 2007, p. 396) Da mesma forma leciona Coelho (2012c, 174): "O contrato é bancário se ninguém mais, a não ser sociedade empresária autorizada a operar a atividade de intermediação de recursos monetários, pode oferecê-lo ao mercado".

Em seu exercício, a instituição financeira, exerce uma função econômica relevante, pois mobiliza o crédito, com o intuito de fomentar o desenvolvimento do comércio. Em razão da confiança e da regulação estatal, essas instituições têm solidez para o recebimento de capitais de terceiros e futura devolução e, da mesma forma, agindo profissionalmente, efetuam os contratos de empréstimo de capital a quem dele precise. Nessa última operação, não ofertam o capital de terceiros, mas agem em nome próprio.

Vejamos a precisa explicação de Martins (2018, p. 322):

> Ao receberem depósitos pecuniários, constituem-se devedores dos depositantes; assumindo a propriedade desses depósitos, empregando-os em seguida em empréstimos aos que necessitam de capital, dão esses empréstimos não em nome dos depositantes, mas em seu nome próprio, tornando-se, desse modo, credores dos prestamistas.
>
> Chamados intermediários do crédito, na realidade os bancos são mobilizadores do crédito, agindo sempre como sujeitos das operações e dos contratos que realizam – sujeitos ativos, quando desses contratos e operações resulta serem os bancos os credores; passivos quando se tornam devedores. De qualquer modo, fazem atos de intermediação, procurando obter capitais disponíveis e aplicando-os, em seu próprio nome, tendo sempre, nessa intermediação, o intuito de lucro.

Não podemos deixar de reconhecer a importância da atividade bancária para o desenvolvimento das atividades empresariais, seja para operacionalizar o negócio do empresário, com a intermediação de recursos monetários entre os agentes econômicos, seja para ofertar aos empreendedores recursos para aplicação nos investimentos necessários ao desenvolvimento e à ampliação da sociedade empresária.

Veja que o contrato bancário será utilizado pelo empresário tanto como operação necessária no dia a dia da empresa quanto como forma de implementar o negócio por meio do crédito. Sobre essa utilização, houve dúvida se sobre o contrato bancário incidiria ou não o Código de Defesa do Consumidor.

Para o exercício dos serviços de natureza bancária, a instituição financeira presta serviços, que, por força do art. 3º, *caput* e parágrafo 2º, do Código de Defesa do Consumidor, "é qualquer atividade fornecida no mercado de consumo, mediante remuneração, inclusive as de natureza bancária, financeira, de crédito" (Brasil, 1990). Como forma de sanar as dúvidas da condição de fornecedor da instituição financeira, o Supremo Tribunal Federal (STF), na Ação Direta de Inconstitucionalidade n. 2.591/DF, decidiu que "instituições financeiras estão, todas elas, alcançadas pela incidência das normas veiculadas", qualificando que o consumidor de serviços bancários é "toda pessoa física ou jurídica que utiliza, como destinatário final, atividade bancária, financeira e de crédito" (Brasil, 2006).

Resolvido! Banco e instituição financeira são fornecedores nos termos do Código de Defesa do Consumidor.

E o empresário é consumidor? Voltamos ao Código de Defesa do Consumidor no art. 2º: "Consumidor é toda pessoa física ou jurídica que adquire ou utiliza produto ou serviço como destinatário final" (Brasil, 1990). A resposta está em ser ou não o empresário destinatário final. Sobre essa questão, o STJ assim se posicionou no Recurso Especial n. 1.599.042/SP:

> RELAÇÃO DE CONSUMO E RELAÇÃO DE INSUMO. EMPRÉSTIMO BANCÁRIO. NATUREZA DE INSUMO.
>
> [...]
>
> 3. Consumidor é toda pessoa física ou jurídica que adquire ou utiliza, como destinatário final, produto ou serviço oriundo de um fornecedor. Por sua vez, destinatário final, segundo a teoria subjetiva ou finalista, adotada pela Segunda Seção desta Corte Superior, é aquele que ultima a atividade econômica, ou seja, que retira de circulação do mercado o bem ou o serviço para consumi-lo, suprindo uma necessidade ou satisfação própria, não havendo, portanto, a reutilização ou o reingresso dele no processo produtivo.
>
> Logo, a relação de consumo (consumidor final) não pode ser confundida com relação de insumo (consumidor intermediário).
>
> Inaplicabilidade das regras protetivas do Código de Defesa do Consumidor.
>
> 4. Em caso de empréstimo bancário feito por empresário ou pessoa jurídica com a finalidade de financiar ações e estratégias empresariais, o empréstimo possui natureza de insumo, não sendo destinatário final e, portanto, não se configurando a relação de consumo. [...] (Brasil, 2017c)

Com essa diferenciação, constatamos que a prática do contrato bancário é de que ele se pautará na aplicação ou não do Código de Defesa do Consumidor, condicionando o empresário à sua função ou não de destinatário final do serviço contratado.

Pela complexidade das operações bancárias, os contratos bancários, operados por bancos ou instituições financeiras, são regulados pela Lei n. 4.595, de 31 de dezembro de 1964 (Brasil, 1964b), bem como geridos pelo órgão regulador, o Banco Central do Brasil, diante da necessidade de regular a atividade e garantir a estabilidade institucional, que deriva do capital envolvido.

Também há a regulação das cooperativas de crédito pela Lei n. 5.764, de 16 de dezembro de 1971 (Brasil, 1971) e da empresa simples de crédito pela Lei Complementar n. 167, de 24 de abril de 2019 (Brasil, 2019c), mas ambos ainda sob a regulação do Banco Central do Brasil.

— 5.13.1 —
Instituições financeiras

Segundo o art. 17 da Lei n. 4.595/1964, que regula o sistema financeiro nacional, instituições financeiras são: "as pessoas jurídicas públicas ou privadas, que tenham como atividade principal ou acessória a coleta, intermediação ou aplicação de recursos financeiros próprios ou de terceiros, em moeda nacional ou estrangeira, e a custódia de valor de propriedade de terceiros" (Brasil, 1964b).

Também, a Lei n. 7.492, de 16 de junho de 1986, disciplinadora dos crimes contra o sistema financeiro nacional, define:

> Art. 1º Considera-se instituição financeira, para efeito desta lei, a pessoa jurídica de direito público ou privado, que tenha como atividade principal ou acessória, cumulativamente ou não, a captação, intermediação ou aplicação de recursos financeiros de terceiros, em moeda nacional ou estrangeira, ou a custódia, emissão, distribuição, negociação, intermediação ou administração de valores mobiliários. (Brasil, 1986)

A Lei n. 4.595/1964, em seu art. 18, parágrafo 1º, traz a condição de instituição financeira aos bancos, mas estes não são os únicos, já que as sociedades de crédito, financiamento e investimentos, as caixas econômicas, as cooperativas de crédito e as seções de crédito das cooperativas são também consideradas instituições financeiras.

E a constituição da instituição financeira será sempre na forma societária de sociedade anônima, como os bancos, excetuando as cooperativas de crédito (art. 25 da Lei n. 4.595/1964), e a nova configuração criada pela Lei Complementar n. 167/2019, a Empresa Simples de Crédito.

Vejamos, a seguir, cada um dos tipos de instituições financeiras.

a. **Bancos**

Os bancos são os mais conhecidos, amplamente regulados, pois têm sua constituição e seu funcionamento autorizados pelo Banco Central do Brasil. Pode o banco ser privado ou público, a depender do detentor da maioria do capital, já que deverá ser formalizado como sociedade anônima.

Após amplo debate, entendeu-se que os bancos não sofrem limitação de juros legais, podendo aplicar os juros de mercado, ou seja, os valores aplicados pela livre concorrência.

Eles atuam nas mais variadas operações, como depósito, conta corrente, crédito em conta corrente, empréstimo, entre outras.

b. Cooperativas de crédito

As cooperativas de crédito, como previsto no art. 4º da Lei n. 5.764/1971, "são sociedades de pessoas, com forma e natureza jurídica próprias, de natureza civil, não sujeitas a falência, constituídas para prestar serviços aos associados" (Brasil, 1971), mas que, pela característica de crédito (art. 92, I, da Lei n. 5.764/1971), serão também reguladas pelo Banco Central do Brasil (Resolução n. 3.859/2010 e modificações efetivadas pela Resolução n. 4.434/2015).

Dessa definição, é possível inferir que as cooperativas de crédito prestam serviços para seus associados, diferentemente dos bancos, que atuam para qualquer clientela. Como operam com captação de recursos e empréstimos, para a segurança do sistema e para a garantia da liquidez dos correntistas cooperados, houve a necessidade de criação do Fundo Garantidor do Cooperativismo de Crédito (Resolução n. 4.284/2013).

Devidamente regulamentadas, às cooperativas de crédito foi autorizado o funcionamento como banco cooperativo, que faz parte do sistema de crédito cooperativo,

> sendo a entidade que congrega a força financeira do sistema e tem a habilitação para atuar como banco múltiplo perante o Banco Central do Brasil, propiciando autonomia operacional, movimentando os recursos financeiros [...], através da sua conta reservas bancárias e efetuando o serviço de compensação de cheques e outros papéis. (Martins, 2018, p. 335)

c. **Empresa simples de crédito**

Uma novidade para os contratos bancários foi a autorização, pela Lei Complementar n. 167/2019, da criação das empresas simples de crédito (ESC), que têm o objetivo de otimizar a oferta de dinheiro na economia, utilizando o microcrédito sem a intermediação bancária.

Diferentemente das instituições financeiras, como banco e cooperativas de crédito, às ESC é vedada a captação de recursos, somente podendo operar com recursos próprios. Também se diferenciam pela formação, que pode ser por empresários individuais em Eireli ou em sociedade limitada constituída apenas por pessoas físicas (art. 2º da Lei Complementar n. 167/2019).

No cumprimento do objeto social (art. 1º da Lei Complementar n. 167/2019), as ESC somente poderão atuar: (a) no âmbito municipal ou distrital, exclusivamente no município de sua sede e em municípios limítrofes; (b) realizando operações de empréstimo, de financiamento e de desconto de títulos de crédito; (c) exclusivamente com recursos próprios; e (d) prestando serviços para microempreendedores individuais, microempresas e empresas de pequeno porte.

Como a intenção do legislador foi fomentar o crédito, as ESC ficaram impedidas de cobrar tarifas, pois sua remuneração advém da cobrança de juros remuneratórios, que não são tarifados, ou seja, seguem as regras de mercado, pela livre concorrência. E, diante da necessária segurança do mercado financeiro, os contratos deverão ser escritos e entregue cópia para o contratante do crédito, e as operações deverão estar registradas junto ao Banco Central (art. 5º da Lei Complementar n. 167/2019).

— 5.13.2 —
Operações bancárias

Entre outras operações bancárias, efetivadas pelas instituições financeiras, observaremos as mais típicas, como depósito e conta corrente, que são passivas, e empréstimo e desconto, que são ativas, em que a instituição financeira é credora.

a. **Depósito**

A instituição financeira, ou o banco, recebe valores pertencentes ao cliente para a guarda, obrigando-se a restituir, quando requerido, aos moldes dos arts. 586 e 589 do Código Civil. O banco torna-se devedor da quantia depositada.

Poderá ocorrer a contratação de remuneração nesse depósito, sendo a mais comum a caderneta de poupança, mas poderão ser acrescidas remunerações maiores, quando lastreadas em títulos de terceiros (como título do tesouro nacional ou ações negociadas em bolsa). Em decorrência do depósito, entregue em custódia dos valores, a Lei n. 4.728, de 14 de julho de 1965 (Brasil, 1965b), autoriza a emissão, em favor do depositante, de um título de crédito impróprio, chamado *certificado de depósito bancário*, o qual é representativo do depósito a prazo.

Observando que há a regulação do Banco Central, parte dos valores recebidos em depósito poderá ser utilizada para empréstimos a terceiros, e parte deve ser compulsoriamente revertida para o Banco Central, como forma de garantir a segurança do sistema.

b. **Conta-corrente**

Na relação de conta-corrente, há a contratação de um serviço tipicamente bancário, pois o correntista efetiva o depósito, mas, por uma forma escritural, o banco efetiva todos os débitos e créditos, lançando todas as movimentações.

As retiradas, nessa operação, podem ser realizadas diretamente na agência, em acesso digital, ou com o funcionário do banco. Também pode ocorrer a retirada por cartão de débito, em que o crédito é transferido de forma *on-line*, ou, ainda, por meio de título de crédito, o cheque.

O cheque é um título de crédito regulado pela Lei n. 7.357, de 2 de setembro de 1985 (Brasil, 1985), sendo uma ordem de pagamento à vista. O banco emite o instrumento do cheque, que é preenchido pelo correntista, ordenando à instituição que pague ao portador do título de crédito a importância nele contida. O banco, por sua vez, efetiva o pagamento se houver fundos na conta corrente do correntista e desde que cumpridos os requisitos legais.

Por outro lado, diferente é o contrato de abertura de crédito em conta corrente, também conhecido como *cheque especial*, em que o banco disponibiliza um limite de crédito para o correntista, permitindo a utilização desse crédito vinculado durante prazo determinado, o qual é movimentado pelos meios normais da conta corrente, como pela emissão de cheques. Pela efetiva utilização, haverá cobrança de juros, encargos e correção monetária.

Interessante é o entendimento do STJ quanto à eventual cobrança pelo inadimplemento do correntista, o qual se manifestou na Súmula n. 233: "O contrato de abertura de crédito, ainda que acompanhado de extrato da conta-corrente, não é título executivo" (Brasil, 2020d, p. 305).

Por ser uma dívida constante de instrumento particular, prescreve em cinco anos, nos termos do art. 205, parágrafo 5º, inciso I, do Código Civil.

c. **Empréstimo**

É o mútuo, em que o mutuário (cliente) obriga-se a restituir ao mutuante (instituição financeira) o valor disponibilizado. Essa é uma das principais atividades da instituição financeira e, como vimos, para isso foram até criadas a cooperativa de crédito e a empresa simples de crédito. Para a formalização desse serviço, a instituição financeira celebra contratos com inclusão de taxas e cobrança de juros.

Por ser uma antecipação financeira, os empréstimos serão de curto ou longo prazo, os quais são pactuados conforme a necessidade do cliente e a aceitação do banco, devendo o cliente efetivar o pagamento na data pactuada.

"Em regra, quase todas as operações ativas dos bancos são modalidades de empréstimos. O que os diferencia é a espécie de garantia oferecida pelo mutuário para que lhe seja concedido o numerário de que necessita" (Martins, 2018, p. 340).

d. **Desconto**

Com a utilização de títulos de crédito pelo cliente, recebido ou não de terceiro, este contrata operação de empréstimo (mútuo), para antecipação desses títulos de crédito com vencimento futuro, os quais se tornam as garantias iniciais. A importância para o empresário é adiantar os resultados das vendas a prazo, pois "o comerciante que vende mercadorias a prazo emite conta assinada pelo comprador, denominada duplicata, que, entre nós, é título negociável. Leva-o ao banco, que lhe antecipa certa importância, tomando-se, mediante endosso, proprietário do título, com todas as ações que lhe são próprias" (Gomes, 2007, p. 423).

Pela prestação do serviço, há cobrança de comissões, juros e outras despesas, as quais são deduzidas do crédito existente no título de crédito, por isto chamado de *desconto*.

O título de crédito efetiva o pagamento do empréstimo quando quitado. Por esse motivo, o desconto bancário pode ser entendido como um contrato real, tendo em vista que seu aperfeiçoamento ocorre mediante a entrega do instrumento de crédito ao banco, seja por endosso, seja por cessão de crédito.

Caso ocorra o não pagamento do título de crédito, o cliente é obrigado pela solvabilidade do crédito emprestado. A instituição financeira terá o direito de regresso contra o cliente.

— 5.13.3 —
Juros

A remuneração das instituições financeiras se faz pela cobrança dos serviços, como tarifas ou taxas (exceto a empresa simples de crédito), bem como pelos juros aplicados nas operações de crédito. Sobre os juros, cabem algumas considerações pontuais:

- Juros compensatórios fazem a remuneração do capital, compensam a utilização do valor pecuniário emprestado.
- Juros moratórios referem-se à indenização do capital, quando não pago na data devida.

- *Spread* bancário é a diferença entre a taxa de juros cobrada nas aplicações e a taxa de juros pagas pelo banco na captação de recursos.
- A limitação de juros é regida livremente pelo mercado, mas se aplica a Súmula n. 530 do STJ:

> Nos contratos bancários, na impossibilidade de comprovar a taxa de juros efetivamente contratada–por ausência de pactuação ou pela falta de juntada do instrumento aos autos –, aplica-se a taxa média de mercado, divulgada pelo Bacen, praticada nas operações da mesma espécie, salvo se a taxa cobrada for mais vantajosa para o devedor. (Brasil, 2020d, p. 703)

— 5.14 —

Alienação fiduciária

Como forma de dinamizar as garantias contratuais de cumprimento de operações financeiras, pois a hipoteca e o penhor já não mais cumpriam seu papel de segurança e agilidade, buscou-se uma sistemática mais prática, segura e, principalmente, célere, encontrada na propriedade fiduciária.

Assim, observamos que o contrato de alienação fiduciária ocorre quando o proprietário, ou adquirente, transfere ao credor o domínio fiduciário e a posse indireta da coisa móvel ou imóvel, mantendo a posse direta como depositário do bem, com a condição de reaver o domínio ao término do contrato.

A alienação fiduciária é importante instrumento para o desempenho da atividade empresarial em razão de sua função econômica estrategicamente dimensionada, com utilização de um bem do empresário, como bem afirma Coelho (2012c, p. 294):

> A alienação fiduciária será sempre um negócio-meio a propiciar a realização de um negócio-fim. A função econômica do contrato, portanto, pode estar relacionada à viabilização da administração do bem alienado, da subsequente transferência de domínio a terceiros ou, em sua modalidade mais usual, à garantia de dívida do fiduciante em favor do fiduciário.

Como o reforço da garantia nesse contrato, está lastreado na transferência do domínio, ou na posse indireta do bem, ocorre maior certeza e celeridade procedimental no recebimento do crédito vinculado ao contrato, o que reduz o risco da operação. Veja, se há menor risco para o fornecedor do crédito, menores serão os encargos, uma vez que estes são calculados sempre com o olhar no cumprimento integral do negócio.

O Código Civil, em seus arts. 1.361 a 1.368, regula a propriedade fiduciária, contemplando as regras gerais para a utilização no contrato de alienação fiduciária.

Quanto à alienação fiduciária de bens móveis, o tratamento é dado pela Lei n. 4.728/1965, que trata do mercado de capital, bem como pela Lei n. 10.931, de 2 de agosto de 2004 (Brasil, 2004), e pelo procedimento do Decreto-Lei n. 911, de 1º de outubro de 1969 (Brasil, 1969).

Já quanto à alienação fiduciária de bens imóveis, esta é regida pela Lei n. 9.514, de 20 de novembro de 1997 (Brasil, 1997), e pela Lei n. 10.931/2004.

— 5.14.1 —
Partes, objeto e forma contratual

As **partes** de um contrato de alienação fiduciária são o credor e o alienante (ou fiduciante).

O contrato de alienação fiduciária traz a condição de **credor** à parte que fornece o crédito e que, por meio dessa operação, torna-se proprietário fiduciário. Importante lembrar que não há necessidade de ser o credor uma instituição financeira, pois qualquer pessoa poderá efetivar o contrato de alienação fiduciária.

Ao receber o bem móvel ou imóvel, o credor torna-se o proprietário fiduciário, obtendo o domínio e a posse indireta de tal bem.

Entretanto, caso não ocorra a quitação do crédito ofertado ao devedor, pelo qual fora entregue o bem fiduciário, "fica o credor obrigado a vender, judicial ou extrajudicialmente, a coisa a terceiros, a aplicar o preço no pagamento de seu crédito e das despesas de cobrança, e a entregar o saldo, se houver, ao devedor", como prevê o art. 1.364 do Código Civil (Brasil, 2002).

A pessoa, física ou jurídica, que recebe o crédito, ou o financiamento mediante a entrega do bem ao credor é o **alienante**, ou **fiduciante**, que passa o domínio e mantém apenas a posse direta do bem, móvel ou imóvel. Fica o devedor na posse direta, tornando-se o depositário do bem, com todas as responsabilidades e os encargos decorrentes do privilégio exclusivo de uso.

Esse encargo decorre do que prevê o art. 1.363 do Código Civil: "Antes de vencida a dívida, o devedor, a suas expensas e risco, pode usar a coisa segundo sua destinação, sendo obrigado, como depositário: I – a empregar na guarda da coisa a diligência exigida por sua natureza; II – a entregá-la ao credor, se a dívida não for paga no vencimento" (Brasil, 2002).

Por sua vez, o **objeto** do contrato de alienação fiduciária é a garantia vinculada a um contrato, operação de crédito. O bem alienado em fidúcia é a garantia do dinheiro entregue ao devedor, o qual continua na posse, como depositário, por isso é imprescindível a descrição do bem, com os elementos indispensáveis à sua identificação (propriedade fiduciária).

É possível que o devedor oferte bem para alienação que já integre seu patrimônio, no momento do contrato, nos termos da Súmula n. 28 do STJ: "O contrato de alienação fiduciária em garantia pode ter por objeto bem que já integrava o patrimônio do devedor" (Brasil, 2020d, p. 30).

Entretanto, pode o bem ser adquirido de terceiro e, no momento da aquisição, ser efetivada a contratação, ocasião em que o credor receberá o domínio, a propriedade fiduciária, e o devedor fiduciante receberá a posse direta.

O domínio recebido pelo proprietário fiduciário não é definitivo, uma vez que se encontra sob condição resolutiva. Trata-se de propriedade resolúvel (art. 1.361 do Código Civil), pois o domínio pleno e definitivo não ocorrerá, já que há transitoriedade da propriedade, a qual se restringe à condição resolutiva, evidenciada ou pelo pagamento, quando o credor fiduciante readquire a integralidade do domínio de pagamento, ou pelo inadimplemento e aplicação obrigatória (art. 1.364 do Código Civil) dos meios de alienação do bem para o devido pagamento.

Enfim, o bem (propriedade fiduciária) é a garantia do dinheiro entregue ao devedor fiduciante.

Na operação de crédito devem constar o valor total da dívida, o prazo e as condições para o pagamento, bem como as taxas de juros pactuadas, sob pena de nulidade (art. 1.362 do Código Civil). Isso tudo é importante porque, quando o proprietário fiduciário exerce seu direito de alienação, ao final, deverá efetivar o encontro das contas, ou seja, a demonstração do saldo existente ou não.

Verificamos também que os contratos de alienação fiduciária em garantia precisam ter **forma escrita**, a qual se dará por meio de instrumento público ou privado (art. 1.361 do Código Civil).

Quanto aos imóveis há expressa disposição no art. 24 da Lei n. 9.514/1997 sobre a obrigatoriedade de algumas disposições contratuais:

> Art. 24. O contrato que serve de título ao negócio fiduciário conterá:
>
> I – o valor do principal da dívida;

II – o prazo e as condições de reposição do empréstimo ou do crédito do fiduciário;

III – a taxa de juros e os encargos incidentes;

IV – a cláusula de constituição da propriedade fiduciária, com a descrição do imóvel objeto da alienação fiduciária e a indicação do título e modo de aquisição;

V – a cláusula assegurando ao fiduciante, enquanto adimplente, a livre utilização, por sua conta e risco, do imóvel objeto da alienação fiduciária;

VI – a indicação, para efeito de venda em público leilão, do valor do imóvel e dos critérios para a respectiva revisão;

VII – a cláusula dispondo sobre os procedimentos de que trata o art. 27. (Brasil, 1997)

E, como forma de efetivar a garantia, havendo a transferência de propriedade e a posse com o devedor, há estrita necessidade da "descrição da coisa objeto da transferência, com os elementos indispensáveis à sua identificação" (art. 1.362, I, do Código Civil), uma vez que, caso seja preciso reaver o bem em garantia, será necessário individualizá-lo (Brasil, 2002).

— 5.14.2 —
Condição para eficácia

Sobre o tema, vejamos o que dispõe o art. 1.361, parágrafo 1º, do Código Civil:

Art. 1.361. [...]

§ 1º Constitui-se a propriedade fiduciária com o registro do contrato, celebrado por instrumento público ou particular, que lhe serve de título, no Registro de Títulos e Documentos do domicílio do devedor, ou, em se tratando de veículos, na repartição competente para o licenciamento, fazendo-se a anotação no certificado de registro. (Brasil, 2002)

A eficácia do contrato verifica-se no necessário arquivamento da transferência da propriedade, no Registro de Títulos e Documentos, pois se dará ampla publicidade, no local de domicílio do devedor, em relação a terceiros. Essa obrigatoriedade é pertinente nos casos de bens que não têm registros públicos obrigatórios.

Para o registro do contrato de alienação fiduciária de veículos, o registro ocorre nos órgãos de trânsito, e de imóveis, no cartório de registro de imóveis. Efetivado o devido registro, o terceiro não poderá alegar o desconhecimento, nem que é terceiro de boa-fé em processo judicial.

— 5.14.3 —
Descumprimento do contrato

Havendo contratos coligados de financiamento e alienação fiduciária, a dívida considera-se vencida:

- se as prestações devidas pelo fiduciante não forem pontualmente pagas;

- se o fiduciante estiver em insolvência ou falir;
- havendo a deterioração ou a depreciação do bem (propriedade fiduciária), e o fiduciante devedor, intimado, não reforçá-la nem substituí-la. Isso é necessário nos termos do art. 1.366 do Código Civil: "Quando, vendida a coisa, o produto não bastar para o pagamento da dívida e das despesas de cobrança, continuará o devedor obrigado pelo restante" (Brasil, 2002).

A importância da manutenção do bem alienado fiduciariamente revela-se na necessidade de cumprir seu objetivo, qual seja, a garantia do efetivo recebimento das importâncias condicionadas no contrato.

— 5.14.4 —
Procedimento judicial e extrajudicial

Diante de inadimplemento e se o domínio for resolúvel, o contrato será resolvido, e o credor poderá pedir a devolução do bem (propriedade fiduciária) para que possa, então, pagar o proprietário fiduciário. Nesse contexto, vejamos, a seguir, as hipóteses de busca e apreensão e o procedimento extrajudicial para imóveis.

a. **Busca e apreensão**

Conforme se verifica do Decreto-Lei n. 911/1969, a mora decorre do simples vencimento do prazo para pagamento. Poderá ser comprovada por carta registrada, com aviso de recebimento. E não se exige que a assinatura do aviso seja a do próprio destinatário (art. 2º, § 2º, do Decreto-Lei n. 911/1969).

Comprovada a mora, ao credor abre-se a possibilidade de requerer contra o devedor ou terceiro a busca e apreensão do bem alienado fiduciariamente (art. 3º do Decreto-Lei n. 911/1969).

O Superior Tribunal de Justiça, na Súmula n. 72 afirma que: "A comprovação da mora é imprescindível a busca e apreensão do bem alienado fiduciariamente" (Brasil, 2020d, p. 81).

Se constatado inadimplemento ou mora na obrigação contratual garantida por alienação fiduciária, há a possibilidade de o proprietário fiduciário, ou credor, vender a coisa a terceiro, independentemente de leilão, hasta pública, avaliação prévia ou outra medida (judicial ou extrajudicial), salvo disposição expressa em contrário prevista no contrato. Nesse caso, a venda deve ser aplicada na solução de seu crédito e das despesas decorrentes, bem como deve ser repassado ao devedor o eventual saldo apurado, com a prestação de contas (art. 2º do Decreto-Lei n. 911/1969).

b. **Procedimento extrajudicial relativo a imóveis**

O inadimplemento total ou parcial do fiduciante constituído em mora acarreta a consolidação da propriedade imobiliária em nome do fiduciário. Para tanto, deverá o credor fiduciário, nos termos do art. 26 da Lei n. 9.514/1997, requerer, perante o Registro Imobiliário, a intimação do devedor fiduciante para pagar a prestação vencida, os juros e os demais encargos contratuais.

Entretanto, se não efetivada a quitação, será averbada e concretizada a consolidação da propriedade em nome do credor fiduciário, obrigando-o a efetivar a venda em 30 dias. Nos termos do Enunciado n. 567 do Conselho da Justiça Federal,

> A avaliação do imóvel para efeito do leilão previsto no § 1º do art. 27 da Lei n. 9.514/1997 deve contemplar o maior valor entre a avaliação efetuada pelo município para cálculo do imposto de transmissão inter vivos (ITBI) devido para a consolidação da propriedade no patrimônio do credor fiduciário e o critério fixado contratualmente. (CJF, 2020)

— 5.14.5 —
Proteção contra a recuperação e falência

A Lei de Recuperação e Falências (Lei n. 11.101/2005) protege a função econômica da garantia ofertada. E como proteção às instituições financeiras, há a chamada *trava bancária*. Sobre o tema, é didático o Recurso Especial n. 1.207.117/MG do STJ:

> DIREITO EMPRESARIAL. RECUPERAÇÃO JUDICIAL. ALIENAÇÃO FIDUCIÁRIA. CRÉDITO FIDUCIÁRIO INSERIDO NO PLANO DE RECUPERAÇÃO JUDICIAL. IRRELEVÂNCIA. CRÉDITO QUE NÃO PERDE SUA CARACTERÍSTICA LEGAL. AÇÃO DE BUSCA E APREENSÃO. POSSIBILIDADE.

[...]

7. Isso porque a instituição de tal privilégio (LF, art. 49, § 3º) foi opção legislativa com nítido intuito de conferir crédito para aqueles que estão em extrema dificuldade financeira, permitindo que superem a crise instalada. Não se pode olvidar, ademais, que o credor fiduciário de bem móvel ou imóvel é, em verdade, o real proprietário da coisa (propriedade resolúvel e posse indireta), que apenas fica depositada em mãos do devedor (posse direta) até a solução do débito.

8. Deveras, tais créditos são imunes aos efeitos da recuperação judicial, devendo ser mantidas as condições contratuais e os direitos de propriedade sobre a coisa, pois o bem é patrimônio do fiduciário, não fazendo parte do ativo da massa. Assim, as condições da obrigação advinda da alienação fiduciária não podem ser modificadas pelo plano de recuperação, com a sua novação, devendo o credor ser mantido em sua posição privilegiada. [...] (Brasil, 2015d)

Dessa forma, os bens em alienação fiduciária não se submetem aos efeitos da recuperação judicial, uma vez que são já condicionados à garantia da operação econômica, que, pela função econômica do contrato, deve ser protegida.

— 5.15 —

Arrendamento mercantil

O contrato de arrendamento mercantil, também chamado de *leasing*, nos termos do art. 1º da Lei n. 6.099, de 12 de setembro de 1974 (Brasil, 1974), é o negócio jurídico realizado entre pessoa jurídica, na qualidade de arrendadora, e pessoa física ou jurídica, na qualidade de arrendatária, e que tenha por objeto o arrendamento de bens adquiridos pela arrendadora, segundo especificações da arrendatária e para uso próprio desta.

Verificamos que, inicialmente, não se trata de uma locação propriamente dita, mas de arrendamento, com uma opção final de compra do bem pelo arrendatário ao final do contrato, mediante um preço previamente fixado. Entretanto, afirma Teixeira (2016, p. 761): "Esse contrato tem como característica a combinação dos seguintes fatores: uma locação associada com uma promessa de venda e uma opção de compra".

O contrato de arrendamento mercantil está regulado na Lei n. 6.099/1974, que regularia inicialmente as questões tributárias incidentes dessa operação, conforme dispõe seu art. 1º "O tratamento tributário das operações de arrendamento mercantil reger-se-á pelas disposições desta Lei" (Brasil, 1974).

Entretanto, o parágrafo único do art. 1º da Lei n. 6.099/1974 preocupou-se em definir a modalidade contratual:

> Art. 1º [...]
>
> Parágrafo único. Considera-se arrendamento mercantil, para os efeitos desta Lei, o negócio jurídico realizado entre pessoa jurídica, na qualidade de arrendadora, e pessoa física ou jurídica, na qualidade de arrendatária, e que tenha por objeto o arrendamento de bens adquiridos pela arrendadora, segundo especificações da arrendatária e para uso próprio desta. (Brasil, 1974)

Diante disso, é possível concluir que nem todo o contrato de locação de bens que contenha a opção de, ao final, efetivar a compra será considerado arrendamento mercantil, pois é preciso seguir as regras disposta nessa lei, sob pena de ser apenas "considerada operação de compra e venda a prestação", de acordo com o previsto no art. 11, parágrafo 1º, da Lei n. 6.099/1974 (Brasil, 1974).

O contrato de arrendamento mercantil caracteriza-se por ser uma locação associada a uma promessa de venda e a uma opção de compra. Assim, há a previsão de pagamento de aluguel (arrendamento) pelo uso da coisa, mas, se, ao final, a opção for a aquisição definitiva do bem, esse valor será amortizado do preço total.

De forma mais objetiva, o contrato será formalizado por uma instituição financeira arrendante, que adquire e arrenda/aluga determinado bem, a pedido e sob escolha do empresário arrendatário, o qual poderá, ao final do contrato, efetivar uma das três escolhas: devolver o bem; renovar o contrato, ampliando o prazo; e, após o pagamento do valor residual fixado, adquiri-lo.

— 5.15.1 —
Finalidade

O arrendamento mercantil é um contrato muito útil para o empresário, tendo em vista que apresenta também características financeiras, pois, em vez de adquirir os bens necessários à operação econômica da empresa, os quais estão sujeitos a grande depreciação que impacta os ativos do balanço patrimonial, opta-se pelo arrendamento mercantil. Desse modo, a empresa não imobiliza o capital em um bem, podendo, se necessário, adquiri-lo, ou devolvê-lo ao final, mantendo sempre bens tecnologicamente modernos.

Assim, a principal finalidade do contrato de arrendamento mercantil (*leasing*) é operacionalizar a possibilidade de que bens com depreciação tecnológica possam ser substituídos. Para o arrendador, o objetivo é ser remunerado pela locação já com o sobrepreço da depreciação do bem.

Há também a finalidade contábil, uma vez que é operado como uma locação, tornando-se uma despesa financeira, em vez de sobrecarregar o capital imobilizado da sociedade empresária. As questões tributárias pautam esse contrato, como consta no art. 11 da Lei n. 6.099/1974: "Serão consideradas como custo ou despesa operacional da pessoa jurídica arrendatária as contraprestações pagas ou creditadas por força do contrato de arrendamento mercantil" (Brasil, 1974).

Lembre-se de que a própria disciplina do contrato de arrendamento mercantil nasceu com o objetivo tributário, como se verifica da Lei n. 6.099/1974.

— 5.15.2 —
Partes

As partes do contrato de arrendamento mercantil são o arrendante, o arrendatário e o fornecedor. Vejamos.

a. **Arrendante**

O arrendante somente poderá ser pessoa jurídica, nos termos do art. 1º, da Resolução n. 2.309, de 28 de agosto de 1996, do Banco Central do Brasil, que regulamenta o contrato de arrendamento mercantil, nas seguintes condições:

> Art. 1º As operações de arrendamento mercantil com o tratamento tributário previsto na Lei nº. 6.099, de 12.09.74, alterada pela Lei nº. 7.132, de 26.10.83, somente podem ser realizadas por pessoas jurídicas que tenham como objeto principal de sua atividade a prática de operações de arrendamento mercantil, pelos bancos múltiplos com carteira de arrendamento mercantil e pelas instituições financeiras que, nos termos do art. 13 deste Regulamento, estejam autorizadas a contratar operações de arrendamento com o próprio vendedor do bem ou com pessoas jurídicas a ele coligadas ou interdependentes. (Brasil, 1996a)

Então, entre as obrigações do arrendador está o dever de adquirir um bem de outrem, vendedor/fornecedor, para que possa ser colocado no contrato de arrendamento mercantil, disponibilizando ao arrendatário. Essa disponibilização para o arrendatário autoriza o uso e o gozo, mas mantém a propriedade com o arrendador. Da mesma forma como há condição no contrato, o arrendador obriga-se a vender o bem ao arrendatário ao final do contrato, pelo valor contratado, ou a receber a coisa de volta se esta for a decisão do arrendatário, ou, ainda, até mesmo renovar o contrato.

Ainda, na Lei n. 11.649, de 4 de abril de 2008, há uma imposição legal ao arrendante, estritamente reservada ao arrendamento mercantil que tenha por objeto veículos automotivos:

> Art. 1º Nos contratos de arrendamento mercantil de veículos automotivos, após a quitação de todas as parcelas vencidas e vincendas, das obrigações pecuniárias previstas em contrato, e do envio ao arrendador de comprovante de pagamento dos IPVAs e dos DPVATs, bem como das multas pagas nas esferas Federal, Estaduais e Municipais, documentos esses acompanhados de carta na qual a arrendatária manifesta formalmente sua opção pela compra do bem, exigida pela Lei no 6.099, de 12 de setembro de 1974, a sociedade de arrendamento mercantil, na qualidade de arrendadora, deverá, no prazo de até trinta dias úteis, após recebimento destes documentos, remeter ao arrendatário:
>
> I – o documento único de transferência (DUT) do veículo devidamente assinado pela arrendadora, a fim de possibilitar que o arrendatário providencie a respectiva transferência de propriedade do veículo junto ao departamento de trânsito do Estado.
>
> II – a nota promissória vinculada ao contrato e emitida pelo arrendatário, se houver, com o devido carimbo de "liquidada" ou "sem efeito", bem como o termo de quitação do respectivo contrato de arrendamento mercantil (*leasing*).
>
> Parágrafo único. Considerar-se-á como nula de pleno direito qualquer cláusula contratual relativa à operação de arrendamento mercantil de veículo automotivo que disponha de modo contrário ao disposto neste artigo. (Brasil, 2008a)

b. **Arrendatário**

O arrendatário pode ser pessoa física ou jurídica. Ao assumir o contrato de arrendamento mercantil, deve o arrendatário efetivar o pagamento de todas as contraprestações, da forma contratada, sob pena inicial dos encargos.

Esta obriga-se, ao final do contrato, a demonstrar de forma inequívoca sua opção final: comprar o bem arrendado, devolver o bem ou renovar o contrato.

Em razão da posse exercida sobre o bem arrendado, deverá zelar pela conservação do bem arrendado, responsabilizando-se pela manutenção e segurança, inclusive contratando o seguro de danos ao bem.

c. **Fornecedor**

O fornecedor é a empresa que possui um bem a ser vendido que interessa ao arrendatário.

— 5.15.3 —
Requisitos

O art. 5º da Lei n. 6.099/1974 apresenta os requisitos necessário ao contrato de arrendamento mercantil:

a. **Prazo do contrato**

Como haverá uma transferência do bem, este deverá ser amplamente descrito, contemplando-se todas as características que permitam sua identificação e, principalmente, as condições do bem (coisa), pois serão: no mínimo, 2 anos para bens com vida útil de até 5 anos; no mínimo, 3 anos para bens com vida útil superior a 5 anos; e, no mínimo, 90 dias para o *leasing* operacional (conforme o art. 8º da Resolução n. 2.309/1996 do Banco Central do Brasil).

b. **Valor da contraprestação**

O valor de cada contraprestação deve ser estipulado por períodos determinados, não superiores a um semestre. As prestações poderão ser periódicas, sendo, no máximo, de 6 meses em 6 meses, quando se efetivam as amortizações do valor original do bem, o valor já aplicado pela depreciação do bem (coisa), além dos encargos financeiros aplicáveis.

c. **Opção de compra ou renovação de contrato**

Deve constar o direito ao arrendatário a opção de compra ou renovar, não podendo essa faculdade ser previamente definida no início do contrato.

Se efetivada a compra, será feita com o pagamento pactuado; se houver a renovação, ocorrerá por uma novação do contrato, devendo as partes repactuarem, já que haverá uma natural depreciação do bem.

d. **Preço para opção de compra ou critério para sua fixação**

O preço para a opção de compra corresponde a um valor residual do custo total da operação, o qual deverá ser definido na confecção do contrato, em comum acordo entre arrendatário e arrendante, a ser pago, em princípio, quando da opção de compra. Esse valor residual poderá ser pactuado com valor fixo, percentual do valor da operação, ou até mesmo definido por um valor apurado por índice ou avaliação.

Esse cálculo do valor residual, ou valor da opção de compra, impactará diretamente o valor da contraprestação, pois se verificaria um menor pagamento ao início e, ao final, a opção de compra em condições de maior pagamento.

A arrendadora e arrendatária poderão também pactuar que o valor residual mínimo, o qual poderá já ser antecipado de forma concomitante com as parcelas mensais, o chamado *valor residual garantido* (VRG). Esse valor será efetivado em percentuais mensais, o que aparentemente demonstra a intenção antecipada da opção de compra, mas, nos termos da Súmula n. 293 do STJ, isso não ocorre: "A cobrança antecipada do valor residual garantido (VRG) não descaracteriza o contrato de arrendamento mercantil" (Brasil, 2020d, p. 386). Entretanto, como há um pagamento de um valor que se resolverá no futuro, entendeu-se que esses valores estariam sendo utilizados como forma de caucionar a futura compra, ficando o arrendador responsável pela eventual devolução em caso de rescisão do contrato. Confira, novamente, o entendimento do STJ na Súmula n. 564:

> No caso de reintegração de posse em arrendamento mercantil financeiro, quando a soma da importância antecipada a título de valor residual garantido (VRG) com o valor da venda do bem ultrapassar o total do VRG previsto contratualmente,

o arrendatário terá direito de receber a respectiva diferença, cabendo, porém, se estipulado no contrato, o prévio desconto de outras despesas ou encargos pactuados. (Brasil, 2020d, p. 750)

Entretanto, ainda que ocorra "a diluição do valor residual ao longo do prazo do contrato, não há impedimento para que o arrendatário, por sua livre opção, desista da compra do bem objeto do contrato de *leasing*" (Martins, 2018, p. 350).

— 5.15.4 —
Tipos de arrendamento mercantil

Vejamos, a seguir, os tipos de arrendamento mercantil.

- **Leasing financeiro** – É a modalidade mais comum, pois é pactuada contraprestação em valor suficiente para que ocorra a recuperação do custo do bem arrendado e o do retorno do capital investido pelo arrendador (Fazzio Junior, 2016). É a prática comum das instituições financeiras. O preço para a opção de compra poderá ser o valor de mercado.
- **Leasing operacional** – Trata-se da forma de arrendamento mercantil com características de uma utilidade operacional da atividade empresarial, ou seja, de locação com serviços de assistência técnica e manutenção. Normalmente, é formalizada por sociedades de arrendamento mercantil que são ligadas ao fornecedor do bem. Tem elementos

previstos no art. 6º da Resolução n. 2.309/1996 do Banco Central do Brasil.

- **Lease-back** – Ou *leasing* de retorno, é uma forma de arrendamento mercantil em que o próprio bem é utilizado no contrato. A posse direta não deixa a condição do arrendatário apenas transferindo a propriedade, mas se condicionam todas as regras do contrato de arrendamento mercantil. Tem a função de levantamento de recursos para o empresário, utilizando seu próprio bem. Não haverá os benefícios fiscais, pois não se enquadram nas regras legais.

- **Self leasing** – Ou arrendamento "consigo mesmo", é o contrato de arrendamento mercantil em que a arrendatária e a arrendadora confundem-se, pois as empresas fazem parte de um mesmo grupo econômico (Rizzardo, 2011). Trata-se de um *lease-back*, mas que ocorre entre empresas do mesmo controlador e que objetiva operacionalizar o empreendimento. Também não haverá os benefícios fiscais, pois não se enquadram nas regras legais.

— 5.16 —

Faturização

Há uma prática comum na atividade econômica por meio da qual as empresas concedem prazo nas vendas a seus clientes como forma de viabilizar toda a negociação. Nesse sentido, o crédito ofertado pelo empresário como forma de prazo é usual, mas precisa ser regularmente ordenado em sua atividade empresarial, pois precisará administrar a carteira de recebíveis. Portanto,

> a administração da concessão do crédito, que compreende controle dos vencimentos, acompanhamento da flutuação das taxas de juros, contatos com os devedores inadimplentes, adoção de medidas assecuratórias do direito creditício etc. Além disso, o empresário, ao conceder crédito, assume o risco de insolvência do devedor. (Coelho, 2012c, p. 193)

Para esse importante exercício empresarial foi criada a figura do faturizador, ou *factor* (Gomes, 2007), que, em sua prestação de serviços, permitirá uma melhor organização da empresa no que tange à realização da administração de recebíveis, bem como com a possibilidade de antecipação dos créditos das vendas a prazo.

Dessa relação nasce o contrato de faturização, ou *factoring*, por intermédio do qual o faturizado contrata junto ao faturizador os serviços de administração, recebimento, intermediação e assessoria de faturamento em operações de fomento comercial, o que normalmente ocorre pela cessão dos direitos de crédito junto a terceiros que têm negócios com o faturizado.

Ainda que não esteja regulado especificamente o contrato de faturização, ou *factoring*, ele está incluído no elenco de figuras negociais de atividade creditícia, tratando-se de uma nova técnica para incrementar esta atividade (Gomes, 2007), mas não é considerada instituição financeira.

A figura do faturizador é apresentada na Lei n. 9.249, de 26 de dezembro de 1995, que altera legislação do imposto de renda e que, em seu art. 15, parágrafo 1º, inciso III, alínea "d", estabelece: "d) prestação cumulativa e contínua de serviços de assessoria creditícia, mercadológica, gestão de crédito, seleção de riscos, administração de contas a pagar e a receber, compra de direitos creditórios resultantes de vendas mercantis a prazo ou de prestação de serviços (*factoring*)" (Brasil, 1995).

Do mesmo modo, quando a legislação trata sobre o regime da microempresa e empresa de pequeno porte, no art. 17, inciso I, da Lei Complementar n. 123, de 14 de dezembro de 2006, verificamos a recusa à possibilidade de incluir a faturizadora no regime tributário do Simples Nacional, definindo a atividade como:

> Art. 17. [...]
>
> I – que explore atividade de prestação cumulativa e contínua de serviços de assessoria creditícia, gestão de crédito, seleção e riscos, administração de contas a pagar e a receber, gerenciamento de ativos (*asset management*) ou compra de direitos creditórios resultantes de vendas mercantis a prazo ou de prestação de serviços (*factoring*) ou que execute operações de empréstimo, de financiamento e de desconto de títulos de crédito, exclusivamente com recursos próprios, tendo como contrapartes microempreendedores individuais, microempresas e empresas de pequeno porte, inclusive sob a forma de empresa simples de crédito; (Brasil, 2006)

Diante desse contexto, o regime legal não é definido, porém, como há prestação de serviços e cessão de crédito, é possível a aplicação dos regimes indicados, como disposto no Código Civil.

— 5.16.1 —
Partes e objeto contratual

As **partes** que figuram em um contrato de *factoring* são o faturizador, o faturizado e o terceiro. Vejamos.

O **faturizador** deverá ser, em regra, pessoa jurídica, como verificamos nas condições tributárias demonstradas. Embora forneça crédito, com o adiantamento das operações a prazo do faturizado, não há necessidade de autorização do Banco Central, pois é uma atividade mercantil, e não financeira. Essa condição não financeira decorre da forma de operação, já que o faturizador não capta recursos para o cumprimento de suas obrigações sociais (fornecimento de crédito – fomento mercantil), devendo utilizar seus recursos próprios, em seu exclusivo risco.

Obriga-se o faturizador a efetivar a transferência dos valores referentes às faturas (documentos de crédito), assumindo o risco pelo não pagamento. Como essa operação envolve riscos, tem o faturizador a possibilidade de recusar os documentos de crédito cedidos pelo faturizado, tendo em vista que deles decorrem as deduções e a remuneração do faturizador.

Poderá o faturizador fiscalizar a documentação contábil, visto que presta serviços também de assistência ao faturizado quanto à organização da empresa na administração de recebíveis e, em caso de recebimento de valores em apenas cobrança, prestará contas ao faturizado.

Finalmente, poderá, na remuneração do contrato de faturização, estabelecer percentuais de deságio sobre o crédito fornecido ou a aplicação de juros.

O **faturizado** (vendedor ou fornecedor), em razão da relação interempresarial havida nesse contrato, deverá ser uma pessoa jurídica, pois efetivará a venda ou o fornecimento de bens ou serviços e, nessa condição, emite documentos de crédito passíveis de cessão ou títulos de crédito passíveis de endosso.

O faturizado, ao contratar com o faturizador, deverá pagar as comissões pactuadas, pois decorrem das dívidas faturizadas (crédito a prazo). Como há risco do faturizador, o faturizado obriga-se a apresentar os documentos de crédito para a análise e a escolha do faturizador, evitando que sejam apenas repassados os créditos ruins ou de difícil recebimento.

Havendo a contratação da assistência em recebíveis, serão enviados os documentos referentes aos clientes do faturizado, e a forma de recebimento das dívidas.

Para que ocorra a contratação da faturização, há sempre a ocorrência de um negócio jurídico anterior em que o **terceiro** comprador é uma pessoa física ou jurídica (devedor do documento de crédito). Desse negócio, é emitido um documento ou título de crédito, pois o vencimento será a prazo. Na ocorrência da cessão de crédito, deverá o terceiro ser notificado, informando que os pagamentos se darão junto ao faturizador.

O **objeto** do contrato de faturização poderá ser o fomento ao negócio empresarial, com a gestão do crédito, bem como a assessoria à administração de recebimentos devidos ao faturizado, podendo, como verificamos das definições legais, haver um contrato de risco do faturizador, o qual compra os direitos creditórios resultantes das vendas mercantis a prazo.

E quais são as vantagens de contratar uma empresa de *factoring*? Segundo a Associação Nacional de Fomento Comercial (Anfac), as vantagens são: (a) recebimento antecipado e imediato de suas vendas feitas a prazo; b) assessoria administrativa e financeira; (c) possibilidade de compra de matéria-prima à vista; e (d) cobrança de títulos ou direito de créditos.

— 5.16.2 —
Características

São características do contrato de faturização:

- Aquisição de créditos, como prestação de serviços de fomento, com a administração de recebíveis.
- Cessão dos créditos do faturizado ao faturizador.
- Assunção dos riscos pelo faturizador, pois responderá pela impontualidade e insolvência do emitente do título (terceiro), ficando o faturizado isento de responsabilidade. Nesse sentido é o forte posicionamento do STJ, exarado no Agravo Interno no Agravo em Recurso Especial n. 1.091.603/SP:

"1. 'A faturizadora não tem direito de regresso contra a faturizada sob alegação de inadimplemento dos títulos transferidos, porque esse risco é da essência do contrato de factoring. Precedentes.' [...]" (Brasil, 2019d).

- Faculdade do faturizador de escolher os créditos a faturizar, a qual decorre da condição de risco desse contrato.
- Valor da remuneração devida ao faturizador, a qual poderá ser comissão, taxa de administração e juros. Como já destacamos, o faturizado não é uma instituição financeira, sendo então limitados os juros aplicáveis, como já decidiu o STJ no Agravo Regimental no Agravo em Recurso Especial n. 127.209/SP:

> CONTRATO DE "FACTORING". VIOLAÇÃO DE DISPOSITIVOS LEGAIS. FALTA DE PREQUESTIONAMENTO JUROS REMUNERATÓRIOS. LEI DE USURA. INCIDÊNCIA. LIMITAÇÃO. INCIDÊNCIA DA SÚMULA 83/STJ. COBRANÇA DE JUROS DE FORMA DISFARÇADA.
>
> [...]
>
> 2. Nos contratos de factoring, a taxa de juros remuneratórios está limitada em 12% ao ano, nos termos da Lei de Usura. Precedentes.
>
> 3. Tendo o Tribunal a quo concluído que a recorrente cobrava juros acima do limite legal, de forma disfarçada, sob a denominação de taxa ad valorem, a alteração do julgado necessitaria do revolvimento do material fático-probatório dos autos. [...] (Brasil, 2012)

- Prazo de duração do contrato, o qual, por se tratar de um contrato de prestação de serviços, será limitado ao prazo de 4 anos, nos termos do art. 598 do Código Civil.

— 5.16.3 —
Modalidade contratual

As modalidades contratuais da faturização são:

- *Conventional factoring* – É o modelo no qual há a antecipação dos valores referentes aos créditos do faturizado, pagos ao cedente no momento da cessão (Rizzardo, 2015).
- *Maturity factoring* – Nessa modalidade, há apenas a prestação de serviços de administração do crédito, com assessoria de cobrança.
- *Collection type factoring agreement* – Trata-se do modelo em que a empresa de faturização simplesmente realiza serviços de cobrança e paga ao faturizado um dia após o recebimento da fatura.
- *Intercredit* – Por meio dessa modalidade, a empresa de faturização garante o pagamento das faturas, mas somente realiza a cobrança dos títulos não recebidos pelo cliente para ressarcimento de seus adiantamentos.

— 5.17 —
Trespasse

Tratamos, finalmente, da contratação da própria empresa como objeto do contrato. A transferência onerosa, quando há interesse do empresário, pode ocorrer de outra forma que não a transferência das cotas sociais, mas pela transmissão da integralidade da atividade econômica e produtiva dos bens componentes da empresa, sem que, com isso, deixe de existir o negócio anterior, pelo adquirente.

Essa figura é denominada *contrato de trespasse*, ou seja, o contrato de alienação de estabelecimento empresarial.

O Código Civil, nos termos dos arts. 1.144 a 1.149, traz o regime aplicado ao contrato de trespasse. Nos termos do art. 1.142 do Código Civil: "Considera-se estabelecimento todo complexo de bens organizado, para exercício da empresa, por empresário, ou por sociedade empresária" (Brasil, 2002).

Com base nessa ideia, o estabelecimento empresarial decorre da forma como empresário organizará a exploração da atividade econômica, por meio dos fatores de produção e dos recursos necessários.

Coelho (2016, p. 43) pontua:

> O estabelecimento empresarial é a reunião dos bens necessários ao desenvolvimento da atividade econômica. Quando o empresário reúne bens de variada natureza, como as mercadorias, máquinas, instalações, tecnologia, prédio etc., em função

do exercício de uma atividade, ele agrega a esse conjunto de bens uma organização racional que importará em aumento do seu valor enquanto continuarem reunidos. Alguns usam a expressão "aviamento", outros falam em "fundo de empresa", para se referir a esse valor acrescido.

Devido à intangibilidade dessa organização racional que o empresário introduz na utilização dos bens integrantes do estabelecimento empresarial, e tendo em vista que ela tem valor de mercado, o direito necessita desenvolver mecanismos para tutela desse plus e do valor que ele representa.

Quando o empresário integraliza o capital na empresa, procurará estruturar a atividade econômica: encontrará a localização para estruturar seu negócio, definirá a forma de atuação e adquirirá as máquinas, os equipamentos, as mercadorias, as matérias-primas, tudo com o objetivo de cumprir com o objeto social da empresa. Para alcançar esse fim, aloca recursos e ordena negócios, inclusive com outros empresários.

Depois de todos os bens materiais e imateriais (aviamento e clientela) devidamente organizados pelo empresário para o cumprimento da finalidade econômica da empresa, estamos diante do estabelecimento empresarial, nos termos do art. 1.142 do Código Civil.

Constituído, nos termos do art. 1.143 do Código Civil, "Pode o estabelecimento ser objeto unitário de direitos e de negócios jurídicos, translativos ou constitutivos, que sejam compatíveis com a sua natureza" (Brasil, 2002). Tal importância jurídica se revela na característica de unidade dos bens do estabelecimento empresarial, os quais seguem a universalidade do negócio empresarial.

Então, o **objeto** do contrato de trespasse é somente a cessão onerosa do estabelecimento empresarial (art. 1.144 do Código Civil), que remonta a um conjunto de bens, materiais e imateriais, que conservam a aptidão ao exercício da atividade econômica da empresa. Esse é o entendimento da doutrina, exarado no Enunciado n. 233 do Conselho da Justiça Federal: "A sistemática do contrato de trespasse delineada pelo Código Civil nos arts. 1.142 e ss., especialmente seus efeitos obrigacionais, aplica-se somente quando o conjunto de bens transferidos importar a transmissão da funcionalidade do estabelecimento empresarial" (CJF, 2020).

A cessão de bens, de forma isolada, não configura o contrato de trespasse, pois não se verifica a regra do art. 1.143 do Código Civil: "objeto unitário de direitos e de negócios jurídicos" (Brasil, 2002).

Ao buscar a alienação do estabelecimento empresarial, por meio do contrato de trespasse, temos o **trespassante**, que aliena o estabelecimento, e o **trespassário** que adquire o objeto unitário de direito e negócios jurídicos. "Assim, o estabelecimento que pertencia a um determinado titular, passa a ser objeto de direito de propriedade de outro" (Tedeschi, 2010, p. 59).

Não se restringe, nesse contrato, se os contratantes serão pessoa física ou jurídica, desde que possam atuar como empresários.

Vale ressaltar, ainda, que o contrato de trespasse **não** pode ser confundido com a cessão de cotas sociais ou com a incorporação, fusão e cisão.

Não há interesse do adquirente em compor o quadro societário, nem figurando como investidor, nem como sócio majoritário, uma vez que não há, nessa figura, a alienação do estabelecimento, com transferência de titularidade.

Quanto à incorporação, as sociedades são absorvidas e outra sucederá em direitos e obrigações, extinguindo-se a empresa e, por conseguinte, o estabelecimento empresarial. Da mesma forma, na fusão as empresas se unem para formar uma nova sociedade, que refletirão um novo patrimônio em detrimento das empresas anteriores.

— 5.17.1 —
Formalidades

Vejamos, a seguir, as formalidades necessárias para a constituição de um contrato de trespasse.

- O contrato precisa ser escrito, pois será objeto de futura inscrição. Entretanto, poderá ser por instrumento particular ou instrumento público, a depender da extensão do estabelecimento empresarial, como se verifica quando há imóvel.
- Deve haver o arquivamento no Registro Público de Empresas Mercantis, ou Cartório de Registros de Pessoas Jurídicas, no prazo de 30 dias. É condição de eficácia, nos termos do art. 1.144 do Código Civil.

- O contrato deve ser publicado na imprensa oficial. Como haverá transferência da totalidade dos bens corpóreos e incorpóreos, o que pode refletir em uma gama de negócios jurídicos em que está envolvida a empresa, tanto para credores quanto devedores, é preciso dar ampla publicidade. Exceção é para as empresas de pequeno porte e para as microempresas (art. 71 da Lei Complementar n. 123/2006).

— 5.17.2 —
Pagamento do passivo e notificação dos credores

A publicidade indicada no art. 1.144 do Código Civil se faz necessária para informar terceiros de forma ampla. No entanto, quanto aos credores, há regra específica de eficácia no art. 1.145 do Código Civil: "Se ao alienante não restarem bens suficientes para solver o seu passivo, a eficácia da alienação do estabelecimento depende do pagamento de todos os credores, ou do consentimento destes, de modo expresso ou tácito, em trinta dias a partir de sua notificação" (Brasil, 2002).

Dessa forma, se ao alienante não restarem mais bens, dependerá do pagamento de todos os credores ou do consentimento devidamente formalizado. Como decorre do dispositivo legal, o alienante notifica seu credor, e, se este fica inerte, há presunção de consentimento.

Não ocorrendo o consentimento dos credores, não há eficácia da alienação, o que faz com que recaia sobre os bens do estabelecimento a busca da satisfação do crédito.

— 5.17.3 —
Sucessão obrigacional

Como o contrato de trespasse é um contrato dimensionado pela integralidade dos bens que compõem a empresa, devem os contratantes realizar minucioso estudo das condições do negócio.

Após o estudo contábil, o adquirente não pode alegar seu desconhecimento, como define o art. 1.146 do Código Civil:

> Art. 1.146. O adquirente do estabelecimento responde pelo pagamento dos débitos anteriores à transferência, desde que regularmente contabilizados, continuando o devedor primitivo solidariamente obrigado pelo prazo de um ano, a partir, quanto aos créditos vencidos, da publicação, e, quanto aos outros, da data do vencimento. (Brasil, 2002)

Sendo eficaz a transferência, recai a responsabilidade ao adquirente, pois já contabilizados no preço da contratação os débitos anteriores e posteriores. Entretanto, há solidariedade quanto aos débitos do devedor primitivo, uma vez que estavam vinculados ao estabelecimento empresarial.

— 5.17.4 —
Cláusula de não reestabelecimento

Ao efetivar o contrato de trespasse, o alienante não deixa de ter a capacidade e a liberdade de continuar a fazer e negócios ou atuar como empresário.

Entretanto, como forma de dirimir discussões ocorridas no passado quanto a eventual ato de concorrência, o art. 1.147 do Código Civil esclarece:

> Art. 1.147. Não havendo autorização expressa, o alienante do estabelecimento não pode fazer concorrência ao adquirente, nos cinco anos subsequentes à transferência.
>
> Parágrafo único. No caso de arrendamento ou usufruto do estabelecimento, a proibição prevista neste artigo persistirá durante o prazo do contrato. (Brasil, 2002)

Ao adquirir o estabelecimento empresarial, o adquirente o faz em sua integralidade, o que poderá ensejar o alcance da imaterialidade advinda da relação do alienante junto à atividade econômica, tanto pessoal quanto local.

Diante da característica econômica envolvida, em que o adquirente absorveu, no custo da negociação do contrato do trespasse, a cessão da clientela (aviamento), é salutar a proteção a boa-fé e a função social do contrato.

Nesse sentido, o alienante, se por meio da autonomia privada do adquirente for assim autorizado, não poderá restabelecer o mesmo ramo de atividade, objeto do estabelecimento empresarial alienado.

Entretanto, mesmo havendo alienado o estabelecimento, essa restrição à livre iniciativa deverá ser adequada à realidade do negócio. Quanto ao prazo, foi demonstrado que cinco anos são suficientes para a consolidação do adquirente no que tange à realidade do estabelecimento empresarial, em especial no que diz respeito à clientela. Se o contrato for de arrendamento ou usufruto, este, por retornar ao alienante, impede pelo mesmo prazo, pois retornará ao final.

De forma negocial, em sendo o estabelecimento empresarial parte de mais negócios do empresário, este não ficará impedido de manter os demais, já que não há restabelecimento, mas a manutenção de outros estabelecimentos.

Por fim, se o alienante quiser empreender, ele não poderá efetivar concorrência, sob pena de ser condenado em perdas e danos. Contudo, se o novo empreendimento for em outro ramo de atividade, ou em localização distante da região de incidência da antiga clientela, não será caracterizada a concorrência.

— 5.17.5 —
Sub-rogação dos contratos

Sendo o objeto do contrato de trespasse o complexo de bens aptos ao exercício da empresa (estabelecimento empresarial), há sub-rogação dos contratos afetos à exploração do negócio alienado. Assim, o art. 1.148 do Código Civil dispõe:

Art. 1.148. Salvo disposição em contrário, a transferência importa a sub-rogação do adquirente nos contratos estipulados para exploração do estabelecimento, se não tiverem caráter pessoal, podendo os terceiros rescindir o contrato em noventa dias a contar da publicação da transferência, se ocorrer justa causa, ressalvada, neste caso, a responsabilidade do alienante. (Brasil, 2002)

Diante dessa disposição, constatamos que há manutenção dos negócios com terceiros, revelando-se também a importância da publicidade como formalidade, pois, havendo modificação do empresário detentor do estabelecimento empresarial, não se pode impor a liberdade de terceiros aos contratos.

O mesmo ocorre nos contratos de locação, que dependem de "consentimento prévio e escrito do locador", conforme prevê o art. 13 da Lei n. 8.245/1991 (Brasil, 1991), para a ocorrência da cessão do contrato.

Por fim, orienta-se o contrato de trespasse pela preservação da empresa, conquanto se concede um prazo de 90 dias, e com seu decurso, serão mantidos os contratos firmados pelo alienante.

— 5.17.6 —
Cessão de créditos

O estabelecimento empresarial tem bens materiais e imateriais, entre estes os créditos. Como decorrem da atividade econômica, esses créditos são transferidos e, com a publicidade, os devedores do crédito tomam conhecimento do negócio operado, bem como da responsabilidade de pagar ao adquirente.

Em boa-fé não pode o alienante receber os créditos que foram devidamente contabilizados quando do contrato de trespasse, bem como se o devedor efetivar, de boa-fé, o pagamento ao alienante, estará exonerado do débito (art. 1.149 do Código Civil).

Considerações finais

Nesta obra, buscamos discorrer sobre os contratos empresariais de forma sistemática, pois partimos de uma teoria geral para, então, analisarmos alguns contratos de grande difusão na atualidade.

Ao abordar esses contratos, foi possível verificar que não se trata de figuras estanques nos manuais jurídicos, mas que eles vêm sofrendo as mudanças do próprio mercado econômico, a exemplo da aplicação dada a casos concretos pelos tribunais, em evidência o Superior Tribunal de Justiça, que tem a finalidade de uniformizar o entendimento jurisprudencial.

Acreditamos que os conteúdos aqui propostos suprem o início do estudo do direito empresarial, em especial os contratos empresariais, desde já envolvendo a prática dos sempre estudantes operadores do direito.

As atualizações buscadas para a elaboração deste livro já incluem a Declaração de Direitos da Liberdade Econômica (Lei n. 13.874/2019) e a Lei de Franquias (Lei n. 13.966/2019), que começaram a vigorar recentemente.

Fica, assim, o incentivo ao leitor para que possa utilizar esta obra como uma ferramenta hábil tanto nos bancos escolares quanto na prática do direito empresarial.

Referências

BASSO, M. **Joint venture**: manual prático das associações empresariais. 4. ed. Porto Alegre: Livraria do Advogado, 2002.

BOJUNGA, L. E. A. Natureza jurídica do contrato de franchising. **Revista dos Tribunais**, São Paulo, v. 653, ano 79, mar. 1990, p. 54-66.

BRASIL. Banco Central do Brasil. Resolução n. 2.309, de 28 de agosto de1996. **Diário Oficial da União**, Brasília, ago. 1996a. Disponível em: <https://www.bcb.gov.br/pre/normativos/busca/downloadNormativo.asp?arquivo=/Lists/Normativos/Attachments/45787/Res_2309_v5_P.pdf>. Acesso em: 14 ago. 2020.

BRASIL. Constituição (1988). **Diário Oficial da União**, Brasília, DF, 5 out. 1988. Disponível em: <http://www.planalto.gov.br/ccivil_03/constituicao/constituicao.htm>. Acesso em: 14 ago. 2020.

BRASIL. Decreto n. 59.566, de 14 de novembro de 1966. **Diário Oficial da União**, Poder Executivo, Brasília, DF, 17 nov. 1966a. Disponível em: <http://www.planalto.gov.br/ccivil_03/decreto/antigos/d59566.htm>. Acesso em: 14 ago. 2020.

BRASIL. Decreto-Lei n. 4.657, de 4 de setembro de 1942. **Diário Oficial da União**, Poder Legislativo, Rio de Janeiro, RJ, 9 set. 1942. Disponível em: <http://www.planalto.gov.br/ccivil_03/decreto-lei/del4657compilado.htm>. Acesso em: 14 ago. 2020.

BRASIL. Decreto-Lei n. 5.452, de 1º de maio de 1943. **Diário Oficial da União**, Poder Executivo, Rio de Janeiro, RJ, 9 ago. 1943. Disponível em: <http://www.planalto.gov.br/ccivil_03/decreto-lei/del5452.htm>. Acesso em: 14 ago. 2020.

BRASIL. Decreto-Lei n. 73, de 21 de novembro de 1966. **Diário Oficial da União**, Poder Executivo, Brasília, DF, 22 nov. 1966b. Disponível em: <http://www.planalto.gov.br/ccivil_03/Decreto-Lei/Del0073.htm>. Acesso em: 14 ago. 2020.

BRASIL. Decreto-Lei n. 911, de 1º de outubro de 1969. **Diário Oficial da União**, Poder Executivo, Brasília, DF, 3 out. 1969. Disponível em: <http://www.planalto.gov.br/ccivil_03/decreto-lei/1965-1988/del0911.htm>. Acesso em: 14 ago. 2020.

BRASIL. Lei n. 556, de 25 de junho de 1850. **Coleção de Leis do Império do Brasil**, Rio de Janeiro, v. 1, p. 57, 1850. Disponível em: <https://www2.camara.leg.br/legin/fed/leimp/1824-1899/lei-556-25-junho-1850-501245-publicacaooriginal-1-pl.html>. Acesso em: 14 ago. 2020.

BRASIL. Lei n. 4.504, de 30 de novembro de 1964. **Diário Oficial da União**, Poder Legislativo, Brasília, DF, 30 nov. 1964a. Disponível em: <https://www.planalto.gov.br/ccivil_03/leis/l4504.htm>. Acesso em: 14 ago. 2020.

BRASIL. Lei n. 4.594, de 29 de dezembro de 1964. **Diário Oficial da União**, Poder Legislativo, Brasília, DF, 5 jan. 1965a. Disponível em: <http://www.planalto.gov.br/ccivil_03/LEIS/L4594.htm>. Acesso em: 14 ago. 2020.

BRASIL. Lei n. 4.595, de 31 de dezembro de 1964. **Diário Oficial da União**, Poder Executivo, Brasília, DF, 31 dez. 1964b. Disponível em: <http://www.planalto.gov.br/ccivil_03/leis/l4595.htm>. Acesso em: 14 ago. 2020.

BRASIL. Lei n. 4.728, de 14 de julho de 1965. **Diário Oficial da União**, Poder Executivo, Brasília, DF, 14 jul. 1965b. Disponível em: <http://www.planalto.gov.br/ccivil_03/leis/l4728.htm>. Acesso em: 14 ago. 2020.

BRASIL. Lei n. 4.886, de 9 de dezembro de 1965. **Diário Oficial da União**, Poder Legislativo, Brasília, DF, 10 dez. 1965c. Disponível em: <http://www.planalto.gov.br/ccivil_03/LEIS/L4886.htm>. Acesso em: 14 ago. 2020.

BRASIL. Lei n. 5.172, de 25 de outubro de 1966. **Diário Oficial da União**, Poder Legislativo, Brasília, DF, 27 out. 1966c. Disponível em: <http://www.planalto.gov.br/ccivil_03/leis/l5172.htm>. Acesso em: 14 ago. 2020.

BRASIL. Lei n. 5.474, de 18 de julho de 1968. **Diário Oficial da União**, Poder Executivo, Brasília, DF, 19 jul. 1968. Disponível em: <http://www.planalto.gov.br/ccivil_03/LEIS/L5474compilado.htm>. Acesso em: 14 ago. 2020.

BRASIL. Lei n. 5.764, de 16 de dezembro de 1971. **Diário Oficial da União**, Poder Executivo, Brasília, DF, 16 dez. 1971. Disponível em: <http://www.planalto.gov.br/ccivil_03/LEIS/L5764.htm>. Acesso em: 14 ago. 2020.

BRASIL. Lei n. 6.015, de 31 de dezembro de 1973. **Diário Oficial da União**, Poder Legislativo, Brasília, DF, 31 dez. 1973. Disponível em: <http://www.planalto.gov.br/ccivil_03/leis/l6015compilada.htm>. Acesso em: 14 ago. 2020.

BRASIL. Lei n. 6.099, de 12 de setembro de 1974. **Diário Oficial da União**, Poder Executivo, Brasília, DF, 13 set. 1974. Disponível em: <http://www.planalto.gov.br/ccivil_03/leis/L6099.htm>. Acesso em: 14 ago. 2020.

BRASIL. Lei n. 6.463, de 9 de novembro de 1977. **Diário Oficial da União**, Poder Legislativo, Brasília, DF, 9 nov. 1977. Disponível em: <http://www.planalto.gov.br/ccivil_03/leis/1970-1979/L6463.htm>. Acesso em: 14 ago. 2020.

BRASIL. Lei n. 6.729, de 28 de novembro de 1979. **Diário Oficial da União**, Poder Legislativo, Brasília, DF, 28 nov. 1979. Disponível em: <http://www.planalto.gov.br/ccivil_03/leis/l6729.htm>. Acesso em: 14 ago. 2020.

BRASIL. Lei n. 7.357, de 2 de setembro de 1985. **Diário Oficial da União**, Poder Legislativo, Brasília, DF, 2 set. 1985. Disponível em: <http://www.planalto.gov.br/ccivil_03/leis/l7357.htm>. Acesso em: 14 ago. 2020.

BRASIL. Lei n. 7.492, de 16 de junho de 1986. **Diário Oficial da União**, Poder Legislativo, Brasília, DF, 18 jun. 1986. Disponível em: <http://www.planalto.gov.br/ccivil_03/leis/L7492.htm>. Acesso em: 14 ago. 2020.

BRASIL. Lei n. 8.078, de 11 de setembro de 1990. **Diário Oficial da União**, Poder Legislativo, Brasília, DF, 12 set. 1990. Disponível em: <http://www.planalto.gov.br/ccivil_03/leis/l8078.htm>. Acesso em: 14 ago. 2020.

BRASIL. Lei n. 8.245, de 18 de outubro de 1991. **Diário Oficial da União**, Poder Executivo, Brasília, DF, 21 out. 1991. Disponível em: <http://www.planalto.gov.br/ccivil_03/leis/l8245.htm>. Acesso em: 14 ago. 2020.

BRASIL. Lei n. 8.666, de 21 de junho de 1993. **Diário Oficial da União**, Poder Legislativo, Brasília, DF, 22 jun. 1993. Disponível em: <http://www.planalto.gov.br/ccivil_03/leis/l8666cons.htm>. Acesso em: 14 ago. 2020.

BRASIL. Lei n. 9.249, de 26 de dezembro de 1995. **Diário Oficial da União**, Poder Executivo, Brasília, DF, 27 dez. 1995. Disponível em: <http://www.planalto.gov.br/ccivil_03/leis/L9249.htm>. Acesso em: 14 ago. 2020.

BRASIL. Lei n. 9.279, de 14 de maio de 1996. **Diário Oficial da União**, Poder Executivo, Brasília, DF, 15 maio 1996b. Disponível em: <http://www.planalto.gov.br/ccivil_03/leis/l9279.htm>. Acesso em: 14 ago. 2020.

BRASIL. Lei n. 9.514, de 20 de novembro de 1997. **Diário Oficial da União**, Poder Executivo, Brasília, DF, 21 nov. 1997. Disponível em: <http://www.planalto.gov.br/ccivil_03/leis/l9514.htm>. Acesso em: 14 ago. 2020.

BRASIL. Lei n. 9.611, de 19 de fevereiro de 1998. **Diário Oficial da União**, Poder Executivo, Brasília, DF, 20 fev. 1998. Disponível em: <http://www.planalto.gov.br/ccivil_03/leis/L9611.htm>. Acesso em: 14 ago. 2020.

BRASIL. Lei n. 10.168, de 29 de dezembro de 2000. **Diário Oficial da União**, Poder Executivo, Brasília, DF, 29 dez. 2000. Disponível em: <http://www.planalto.gov.br/ccivil_03/LEIS/L10168.htm>. Acesso em: 14 ago. 2020.

BRASIL. Lei n. 10.406, de 10 de janeiro de 2002. **Diário Oficial da União**, Poder Legislativo, Brasília, DF, 11 jan. 2002. Disponível em: <http://www.planalto.gov.br/ccivil_03/leis/2002/l10406.htm>. Acesso em: 14 ago. 2020.

BRASIL. Lei n. 10.931, de 2 de agosto de 2004. **Diário Oficial da União**, Poder Legislativo, Brasília, DF, 3 ago. 2004. Disponível em: <http://www.planalto.gov.br/ccivil_03/_ato2004-2006/2004/lei/l10.931.htm>. Acesso em: 14 ago. 2020.

BRASIL. Lei n. 11.101, de 9 de fevereiro de 2005. **Diário Oficial da União**, Poder Executivo, Brasília, DF, 9 fev. 2005. Disponível em: <http://www.planalto.gov.br/ccivil_03/_ato2004-2006/2005/lei/l11101.htm>. Acesso em: 14 ago. 2020.

BRASIL. Lei n. 11.649, de 4 de abril de 2008. **Diário Oficial da União**, Poder Legislativo, Brasília, DF, 7 abr. 2008a. Disponível em: <http://www.planalto.gov.br/ccivil_03/_ato2007-2010/2008/lei/L11649.htm>. Acesso em: 14 ago. 2020.

BRASIL. Lei n. 13.105, de 16 de março de 2015. **Diário Oficial da União**, Poder Legislativo, Brasília, DF, 16 mar. 2015a. Disponível em: <http://www.planalto.gov.br/ccivil_03/_ato2015-2018/2015/lei/l13105.htm>. Acesso em: 14 ago. 2020.

BRASIL. Lei n. 13.429, de 31 de março de 2017. **Diário Oficial da União**, Poder Executivo, Brasília, DF, 31 mar. 2017a. Disponível em: <http://www.planalto.gov.br/ccivil_03/_ato2015-2018/2017/lei/l13429.htm>. Acesso em: 14 ago. 2020.

BRASIL. Lei n. 13.874, de 20 de setembro de 2019. **Diário Oficial da União**, Poder Executivo, Brasília, DF, 20 set. 2019a. Disponível em: <http://www.planalto.gov.br/ccivil_03/_ato2019-2022/2019/lei/L13874.htm>. Acesso em: 14 ago. 2020.

BRASIL. Lei n. 13.966, de 26 de dezembro de 2019. **Diário Oficial da União**, Poder Executivo, Brasília, DF, 27 dez. 2019b. Disponível em: <http://www.planalto.gov.br/ccivil_03/_ato2019-2022/2019/lei/L13966.htm>. Acesso em: 14 ago. 2020.

BRASIL. Lei Complementar n. 123, de 14 de dezembro de 2006. **Diário Oficial da União**, Poder Legislativo, Brasília, DF, 15 dez. 2006. Disponível em: <http://www.planalto.gov.br/ccivil_03/leis/lcp/lcp123.htm>. Acesso em: 14 ago. 2020.

BRASIL. Lei Complementar n. 126, de 15 de janeiro de 2007. **Diário Oficial da União**, Poder Legislativo, Brasília, DF, 16 jan. 2007. Disponível em: <http://www.planalto.gov.br/ccivil_03/leis/lcp/lcp126.htm>. Acesso em: 14 ago. 2020.

BRASIL. Lei Complementar n. 167, de 24 de abril de 2019. **Diário Oficial da União**, Poder Legislativo, Brasília, DF, 25 abr. 2019c. Disponível em: <http://www.planalto.gov.br/ccivil_03/leis/lcp/Lcp167.htm>. Acesso em: 14 ago. 2020.

BRASIL. Superior Tribunal de Justiça. Agravo Interno no Agravo em Recurso Especial n. 716.072/PR. Relator: Min. Marco Aurélio Bellizze. **Diário da Justiça**, Brasília, DF, 13 nov. 2015b. Disponível em: <https://scon.stj.jus.br/SCON/servlet/BuscaAcordaos?action=mostrar&num_registro=201501206390&dt_publicacao=13/11/2015>. Acesso em: 14 ago. 2020.

BRASIL. Superior Tribunal de Justiça. Agravo Interno no Agravo em Recurso Especial n. 443.147/PR. Relatora: Min. Maria Isabel Gallotti. **Diário da Justiça**, Brasília, DF, 22 ago. 2017b. Disponível em: <https://ww2.stj.jus.br/processo/revista/inteiroteor/?num_registro=201303982105&dt_publicacao=22/08/2017>. Acesso em: 14 ago. 2020.

BRASIL. Superior Tribunal de Justiça. Agravo Interno no Agravo em Recurso Especial n. 1.148.115/PR. Relatora: Min. Maria Isabel Gallotti. **Diário da Justiça**, Brasília, DF, 14 jun. 2018a. Disponível em: <https://ww2.stj.jus.br/processo/revista/inteiroteor/?num_registro=201701939095&dt_publicacao=14/06/2018>. Acesso em: 14 ago. 2020.

BRASIL. Superior Tribunal de Justiça. Agravo Interno no Agravo em Recurso Especial n. 1.091.603/SP. Relator: Min. Marco Buzzi. **Diário da Justiça**, Brasília, DF, 21 mar. 2019d. Disponível em: <https://ww2.stj.jus.br/processo/revista/inteiroteor/?num_registro=201902157604&dt_publicacao=25/11/2019>. Acesso em: 14 ago. 2020.

BRASIL. Superior Tribunal de Justiça. Agravo Interno no Agravo em Recurso Especial n. 1.545.508/RJ. Relator: Min. Luis Felipe Salomão. **Diário da Justiça**, Brasília, DF, 18 fev. 2020a. Disponível em: <https://ww2.stj.jus.br/processo/revista/inteiroteor/?num_registro=201902097809&dt_publicacao=18/02/2020>. Acesso em: 14 ago. 2020.

BRASIL. Superior Tribunal de Justiça. Agravo Interno no Agravo Interno nos Embargos de Declaração no Agravo em Recurso Especial n. 1.475.627/SP. Relator: Min. Luis Felipe Salomão. **Diário da Justiça**, Brasília, DF, 5 mar. 2020b. Disponível em: <https://ww2.stj.jus.br/processo/revista/inteiroteor/?num_registro=201900858327&dt_publicacao=05/03/2020>. Acesso em: 14 ago. 2020.

BRASIL. Superior Tribunal de Justiça. Agravo Interno no Recurso Especial n. 1.330.379/RS. Relator: Min. Lázaro Guimarães. **Diário da Justiça**, Brasília, DF, 6 abr. 2018b. Disponível em: <https://ww2.stj.jus.br/processo/revista/inteiroteor/?num_registro=201201291320&dt_publicacao=06/04/2018>. Acesso em: 14 ago. 2020.

BRASIL. Superior Tribunal de Justiça. Agravo Interno nos Embargos de Declaração no Agravo em Recurso Especial n. 1.370.742/SC. Relator: Min. Raul Araújo. **Diário da Justiça**, Brasília, DF, 3 mar. 2020c. Disponível em: <https://ww2.stj.jus.br/processo/revista/inteiroteor/?num_registro=201802502760&dt_publicacao=03/03/2020>. Acesso em: 14 ago. 2020.

BRASIL. Superior Tribunal de Justiça. Agravo Regimental no Agravo em Recurso Especial n. 127.209/SP. Relator: Min. Sidnei Beneti. **Diário da Justiça**, Brasília, DF, 19 abr. 2012. Disponível em: < https://ww2.stj.jus.br/processo/revista/inteiroteor/?num_registro=201103022904&dt_publicacao=19/04/2012>. Acesso em: 14 ago. 2020.

BRASIL. Superior Tribunal de Justiça. Embargos de Divergência em Recurso Especial n. 579.324/SC. Relatora: Min. Nancy Andrighi. **Diário da Justiça**, Brasília, DF, 2 abr. 2008b. Disponível em: <https://ww2.stj.jus.br/processo/revista/inteiroteor/?num_registro=200601742490&dt_publicacao=02/04/2008>. Acesso em: 14 ago. 2020.

BRASIL. Superior Tribunal de Justiça. Recurso Especial n. 201.563/RJ. Relator: Min. Vicente Leal. **Diário da Justiça**, Brasília, DF, 1º out. 2001. Disponível em: <https://ww2.stj.jus.br/processo/revista/inteiroteor/?num_registro=199900058429&dt_publicacao=01/10/2001>. Acesso em: 14 ago. 2020.

BRASIL. Superior Tribunal de Justiça. Recurso Especial n. 164.442/MG. Relator: Min. Luis Felipe Salomão. **Diário da Justiça**, Brasília, DF, 1º set. 2008c. Disponível em: <https://ww2.stj.jus.br/processo/revista/inteiroteor/?num_registro=199800108246&dt_publicacao=01/09/2008>. Acesso em: 14 ago. 2020.

BRASIL. Superior Tribunal de Justiça. Recurso Especial n. 972.436/BA. Relatora: Min. Nancy Andrighi. **Diário da Justiça**, Brasília, DF, 12 maio 2009. Disponível em: <https://ww2.stj.jus.br/processo/revista/inteiroteor/?num_registro=200701798677&dt_publicacao=12/06/2009>. Acesso em: 14 ago. 2020.

BRASIL. Superior Tribunal de Justiça. Recurso Especial n. 1.323.410/MG. Relatora: Min. Nancy Andrighi. **Diário da Justiça**, Brasília, DF, 20 nov. 2013. Disponível em: <https://ww2.stj.jus.br/processo/revista/inteiroteor/?num_registro=201102195783&dt_publicacao=20/11/2013>. Acesso em: 14 ago. 2020.

BRASIL. Superior Tribunal de Justiça. Recurso Especial n. 1.056.837/RN. Relator: Min. Marco Buzzi. **Diário da Justiça**, Brasília, DF, 10 nov. 2015c. Disponível em: <https://ww2.stj.jus.br/processo/revista/inteiroteor/?num_registro=200801029596&dt_publicacao=10/11/2015>. Acesso em: 14 ago. 2020.

BRASIL. Superior Tribunal de Justiça. Recurso Especial n. 1.207.117/MG. Relator: Min. Luis Felipe Salomão. **Diário da Justiça**, Brasília, DF, 25 nov. 2015d. Disponível em: <https://ww2.stj.jus.br/processo/revista/inteiroteor/?num_registro=201001459888&dt_publicacao=25/11/2015>. Acesso em: 14 ago. 2020.

BRASIL. Superior Tribunal de Justiça. Recurso Especial n. 1.409.849/PR. Relator: Min. Paulo de Tarso Sanseverino. **Diário da Justiça**, Brasília, DF, 5 maio 2016a. Disponível em: <https://ww2.stj.jus.br/processo/revista/inteiroteor/?num_registro=201303420570&dt_publicacao=05/05/2016>. Acesso em: 14 ago. 2020.

BRASIL. Superior Tribunal de Justiça. Recurso Especial n. 1.455.709/SP. Relator: Min. Ricardo Villas Bôas Cueva. **Diário da Justiça**, Brasília, DF, 13 maio 2016b. Disponível em: <https://ww2.stj.jus.br/processo/revista/inteiroteor/?num_registro=201401164526&dt_publicacao=13/05/2016>. Acesso em: 14 ago. 2020.

BRASIL. Superior Tribunal de Justiça. Recurso Especial n. 1.599.042/SP. Relator: Min. Luis Felipe Salomão. **Diário da Justiça**, Brasília, DF, 9 maio 2017c. Disponível em: <https://ww2.stj.jus.br/processo/revista/inteiroteor/?num_registro=201402064258&dt_publicacao=09/05/2017>. Acesso em: 14 ago. 2020.

BRASIL. Superior Tribunal de Justiça. Recurso Especial n. 1.309.972/SP. Relator: Min. Luis Felipe Salomão. **Diário da Justiça**, Brasília, DF, 8 jun. 2017d. Disponível em: <https://ww2.stj.jus.br/processo/revista/inteiroteor/?num_registro=201200209451&dt_publicacao=08/06/2017>. Acesso em: 14 ago. 2020.

BRASIL. Superior Tribunal de Justiça. Recurso Especial n. 1.320.870/SP. Relator: Min. Ricardo Villas Bôas Cueva. **Diário da Justiça**, Brasília, DF, 30 jun. 2017e. Disponível em: <https://ww2.stj.jus.br/processo/revista/inteiroteor/?num_registro=201200209451&dt_publicacao=08/06/2017>. Acesso em: 14 ago. 2020.

BRASIL. Superior Tribunal de Justiça. Recurso Especial n. 1.309.800/AM. Relator: Min. Luis Felipe Salomão. **Diário da Justiça**, Brasília, DF, 21 set. 2017f. Disponível em: <https://ww2.stj.jus.br/processo/revista/inteiroteor/?num_registro=201200335850&dt_publicacao=21/09/2017>. Acesso em: 14 ago. 2020.

BRASIL. Superior Tribunal de Justiça. Recurso Especial n. 1.515.640/SP. Relator: Min. Paulo de Tarso Sanseverino. **Diário da Justiça**, Brasília, DF, 3 out. 2017g. Disponível em: <https://ww2.stj.jus.br/processo/revista/inteiroteor/?num_registro=201500255141&dt_publicacao=03/10/2017>. Acesso em: 14 ago. 2020.

BRASIL. Superior Tribunal de Justiça. Recurso Especial n. 1.338.432/SP. Relator: Min. Luis Felipe Salomão. **Diário da Justiça**, Brasília, DF, 29 nov. 2017h. Disponível em: <https://ww2.stj.jus.br/processo/revista/inteiroteor/?num_registro=201201674173&dt_publicacao=29/11/2017>. Acesso em: 14 ago. 2020.

BRASIL. Superior Tribunal de Justiça. Recurso Especial n. 1.669.638/SP. Relatora: Min. Nancy Andrighi. **Diário da Justiça**, Brasília, DF, 25 jun. 2018c. Disponível em: <https://ww2.stj.jus.br/processo/revista/inteiroteor/?num_registro=201701012060&dt_publicacao=25/06/2018>. Acesso em: 14 ago. 2020.

BRASIL. Superior Tribunal de Justiça. Recurso Especial n. 1.669.612/RJ. Relator: Min. Ricardo Villas Bôas Cueva. **Diário da Justiça**, Brasília, DF, 14 ago. 2018d. Disponível em: <https://ww2.stj.jus.br/processo/revista/inteiroteor/?num_registro=201701010949&dt_publicacao=14/08/2018>. Acesso em: 14 ago. 2020.

BRASIL. Superior Tribunal de Justiça. **Súmulas**. Disponível em: <http://www.stj.jus.br/docs_internet/SumulasSTJ.pdf>. Acesso em: 14 ago. 2020d.

BRASIL. Supremo Tribunal Federal. Ação Direta de Inconstitucionalidade n. 2.591/DF. Relator: Min. Eros Grau. **Diário da Justiça**, Brasília, DF, 29 set. 2006. Disponível em: <http://redir.stf.jus.br/paginadorpub/paginador.jsp?docTP=AC&docID=266855>. Acesso em: 14 ago. 2020.

CADE – Conselho Administrativo de Defesa Econômica. **Súmulas do Cade**. 24 abr. 2016. Disponível em: <http://www.cade.gov.br/assuntos/normas-e-legislacao/sumulas-do-cade>. Acesso em: 14 ago. 2020.

CJF – Conselho da Justiça Federal. **Enunciados**. Disponível em: <https://www.cjf.jus.br/enunciados/>. Acesso em: 14 ago. 2020.

CHAGAS, E. E. das. **Direito empresarial esquematizado**. 4. ed. São Paulo: Saraiva, 2017.

COASE, R. H. **A firma, o mercado e o direito**. Rio de Janeiro: Forense, 2017.

COELHO, F. U. **Curso de direito civil**: contratos. 5. ed. São Paulo: Saraiva, 2012a. v. 3.

COELHO, F. U. **Curso de direito comercial**: direito de empresa. 13. ed. São Paulo: Saraiva, 2012b. v. 1.

COELHO, F. U. **Curso de direito comercial**: direito de empresa. 13. ed. São Paulo: Saraiva, 2012c. v. 3.

COELHO, F. U. **Manual de direito empresarial**: direito de empresa. 28. ed. São Paulo: Revista dos Tribunais, 2016.

COELHO, J. F. L. **Contratos agrários**: uma visão neoagrarista. 2. ed. Curitiba: Juruá, 2016.

CRISTIANO, R. **Empresa é risco** (como interpretar a nova definição). São Paulo: Malheiros, 2007.

DINIZ, G. S. **Curso de direito comercial**. São Paulo: Atlas, 2019.

FAZZIO JUNIOR, W. **Manual de direito comercial**. 17. ed. São Paulo: Atlas, 2016.

FORGIONI, P. A. **Contratos empresariais**: teoria geral e aplicação. 2. ed. São Paulo: Revista dos Tribunais, 2016.

FORGIONI, P. A. **Contrato de distribuição**. 2. ed. São Paulo: Revista dos Tribunais, 2008.

FRAZÃO, A. Joint ventures contratuais. **Revista de Informação Legislativa**, v. 52, n. 207, p. 187-211, 2015.

GAGLIANO, P. S. **Novo curso de direito civil**: abrangendo o código de 1916 e o Novo Código Civil. São Paulo: Saraiva, 2005.

GOMES, O. **Contratos**. 26. ed. Rio de Janeiro: Forense, 2007.

HAYEK, F. A. V. **Os fundamentos da liberdade**. Tradução de Anna Maria Capovillae e José Ítalo Stelle. São Paulo: Visão, 1983.

MARTINS, F. **Contratos e obrigações comerciais**. 18. ed. Rio de Janeiro: Forense, 2018.

MARTINS-COSTA, J. O exercício jurídico disfuncional e os contratos interempresariais: notas sobre os critérios do artigo 187 do Código Civil. **Revista do Advogado**, São Paulo, ano XXVIII, n. 96, p. 48-58, mar. 2008.

NEGRÃO, R. **Curso de direito comercial e de empresa**: títulos de crédito e contratos empresariais. 7. ed. São Paulo: Saraiva Educação, 2018. v. 2.

PARANÁ. Tribunal de Justiça do Estado do Paraná. Apelação n. 1.357.396-1. Relator: Des. Luis Sérgio Swiech, julgado em 16 set. 2015. Disponível em: <https://tj-pr.jusbrasil.com.br/jurisprudencia/239260246/apelacao-apl-13573961-pr-1357396-1-acordao?ref=feed>. Acesso em: 14 ago. 2020.

PRADO, M. C. de A. **Contrato internacional de transferência de tecnologia**. Porto Alegre: Riachuelo, 1997.

RAMOS, A. L. S. C. **Direito empresarial**. 7. ed. Rio de Janeiro: Forense, 2017.

REDECKER, A. C. **Franquia empresarial**. São Paulo: Memória Jurídica, 2002.

REQUIÃO, R. **Curso de direito comercial**. 29. ed. São Paulo: Saraiva, 2012. v. 2

RIBEIRO, M. C. P.; GALESKI JUNIOR, I. **Teoria geral dos contratos, contratos empresariais e análise econômica**. 2. ed. São Paulo: Revista dos Tribunais, 2015.

RIZZARDO, A. **Leasing**: arrendamento mercantil no direito brasileiro. 6. ed. São Paulo: Revista dos Tribunais, 2011.

RIZZARDO, A. **Contratos**. 15. ed. Rio de Janeiro: Forense, 2015.

RIO DE JANEIRO (Estado). Tribunal de Justiça do Estado do Rio de Janeiro. Apelação n. 0305812-30.2009.8.19.0001. Relator: Des. Luiz Roberto Ayoub. **Diário da Justiça**, Rio de Janeiro, RJ, 4 set. 2017. Disponível em: <http://www4.tjrj.jus.br/EJURIS/ProcessarConsJuris.aspx?PageSeq=0&Version=1.1.10.0>. Acesso em: 14 ago. 2020.

ROSENVALD, N. **Cláusula penal**: a pena privada nas relações negociais. Rio de Janeiro: Lumen Juris, 2007.

SCAVONE JUNIOR, L. A. **Direito imobiliário**: teoria e prática. 9. ed. Rio de Janeiro: Forense, 2015.

SOUZA, S. C. de. **A Lei do Inquilinato comentada**. 8. ed. Rio de Janeiro: Forense, 2012.

TARTUCE, F. **Manual de direito civil**. 7. ed. Rio de Janeiro: Forense, 2017.

TEDESCHI, S. H. **Contrato de trespasse de estabelecimento empresarial e sua efetividade social**. Curitiba: Juruá, 2010.

TEIXEIRA, T. **Direito empresarial sistematizado**: doutrina, jurisprudência e prática. 5. ed. São Paulo: Saraiva, 2016.

TOMAZETTE, M. **Curso de direito empresarial**: títulos de crédito. 8. ed. São Paulo: Atlas, 2017. v. 2.

VERÇOSA, H. M. D. **Direito comercial**: teoria geral do contrato. 2. ed. São Paulo: Revista dos Tribunais, 2014.

VERÇOSA, H. M. D. **Contratos** mercantis e a teoria geral dos contratos: o Código Civil de 2002 e a crise do contrato. São Paulo: Quarter Latin, 2010.

WENCESLAU, R. R. Convenção das Nações Unidas sobre Contratos de Compra e Venda Internacional de Mercadorias: uma primeira aplicação judicial. In: PAGLIARINI, A. C.; CLETO, V. H. (Org.). **Direito e jurisdições**: interna e internacional. Curitiba: InterSaberes, 2018. v. 1. p. 55-75.

Sobre o autor

Roberto Rocha Wenceslau é mestre em Direito pelo Centro Universitário Internacional Uninter e especialista em Direito Empresarial Aplicado pelas Faculdades da Indústria do Paraná (LLM – FIEP), em Direito Civil e Empresarial pela Pontifícia Universidade Católica do Paraná (PUCPR) e em Direito Processual Civil pelo Instituto Brasileiro de Estudos Jurídicos da Infraestrutura (IBEJ). É advogado em Curitiba (PR) e professor de Direito Empresarial no Grupo Uninter. Foi professor de Direito Processual Civil e de Estágio Supervisionado na Faculdade de Educação Superior do Paraná (FESP) e de Instituições de Direito Público e Privado no Centro Universitário Campos de Andrade (UniAndrade).

Os papéis utilizados neste livro, certificados por instituições ambientais competentes, são recicláveis, provenientes de fontes renováveis e, portanto, um meio responsável e natural de informação e conhecimento.

Impressão: Reproset
Fevereiro/2023